狂飆的年代——

近代台灣社會菁英群像

林柏維 著

導言

站在歷史的分水嶺

在近代台灣的歷史裏，哪些人曾經在這塊土地上發光發熱？這樣的問題似乎有點愚蠢，卻又十分的真切，長達四十年的威權、戒嚴體制，讓這一塊土地上的人們幾乎不知有近代台灣的歷史，這愚蠢來自於統治者有意的讓人民患著歷史失憶症，攤開距今六十年以前另一階段的台灣歷史，一頁被帝國主義者殖民統治的歷史，台灣社會菁英曾經有過的、狂飆的年代，如此的真實、確切。

我們不能、也不該不知道：在狂飆的年代裡的這些人，他們也曾在這島嶼上呼吸，為斯土斯民而奮鬥不懈，他們或者有著不同的努力方向，卻各有他們的認真與執著，散發令人激賞的光采和風華，他們是這塊土地歷史裡不容被割捨的一部份。雖然，威權的外來統治者可以強力抹去這歷史的記憶片段，我們也可以盡力去重構這歷史記憶的拼圖，他們的歷史豈可如此輕易地被我們遺忘。

台灣，似乎一直在歷史的轉折裡進退失據。一九九三年，時值「辜汪會談」之後，海峽兩岸的發展關係似又開啟了另一歷史的轉折點，這年五月，我開始在自由時報副刊發表一系列關於台灣近代人物的歷史專欄，到次年十月歇止，正是甲午戰爭百年之時；選材、書寫中，發現大部分的人物都曾活躍於一九二○年代，正是文化協會的年代，也是台灣人在日治時期最具主體性格的抗爭時期。

這些人，理應在一九四五年這一歷史轉折點後，擴大他們的歷史舞台，然而，他們與我們一樣無法想像：台灣歷史彷彿已掉入歷史循環論的泥淖裡；日治時期的台灣菁英，在他們狂飆的年代發光發熱，戰後台灣，歷史的舞台卻給他們反向的空間，迫使他們屈就、逢迎或者抵抗、隱遁，終致光芒盡失。

被殖民的體制在戰後顯然並未改變，改朝換代，終究不是屬於台灣人民能自主的朝代，從一九四五到一九四九，這短暫的四年是台灣從帝國主義之殖民體制轉換到國民黨獨裁專制體制的轉換期，台灣菁英如洗三溫暖般、如坐雲霄飛車般，熱情、期盼、喜悅、信念全都摔到谷底；二二八正是轉換期中最令人痛心疾首的歷史傷痕，隨之而來的，是戒嚴體制下白色恐怖的五○、六○年代，更讓驚弓之鳥的台灣人民噤若寒蟬。

林茂生、陳炘、宋斐如、王添燈、阮朝日、陳澄波等死難於二二八，李應章、謝雪紅、蘇新進入到中國共產黨的領域；李友邦死難於白色恐怖，楊逵繫獄綠島；江文也滯留北京，他的曲音被禁絕於故鄉之外；面對這樣的變局，蔡阿信遠離他鄉，祖國意識強烈的臺灣人領袖林獻堂，選擇自我放逐於他終生反抗的日本；這豈非是歷史最

大的嘲諷？

無力回天之局，日治時期台灣菁英還能有哪些選擇？韓石泉、楊金虎、李萬居、吳三連等，無畏權勢，繼續參與政治事務，為民喉舌；蔡培火、楊肇嘉被納編到國民黨政府的前朝耆老的隊伍中，聊備一格，黃朝琴則是異數；連溫卿、王詩琅、蔡式穀、吳新榮等，黯然走入歷史文獻的整理工作；蔡先於從事慈善事業，葉榮鐘沉潛於彰化銀行，張我軍被閒置於合作金庫，林呈祿另立東方出版社，張深切落得開咖啡廳。

從榮耀歸於寥落、孤寂，怎會是台灣菁英的歷史寫照？

狂飆的年代

歷史回到一九二○年代，以台灣文化協會為主體的文化運動，激發出台灣整體社會的動能，表現在：反殖民的獨立抗爭、現代政治團體的組構、農工商學之社會運動的勃興、文學與藝術的現代化推展、台灣主體意識的覺醒。是什麼樣的歷史條件促成這風起雲湧的時代巨流？這狂飆的年代，對後續的歷史發展產生了至深且遠的影響。

日本帝國的台灣：武力抗爭的停息

一八九五年的台灣，因為馬關條約而成為日本的領土，台灣的歷史命運隨之轉折，台灣總督依據帝國六十三號法律，擁有行政、立法、司法權，在殖民統治的方向上雖標榜「內地延長主義」，實際上卻是分離的、高壓的專制統治，台灣人「二等國民」的宿命已然成

形。統治初期，台灣人民基於民族主義，展開了武力的流血抗爭，歷經台灣民主國、義軍武裝游擊戰、武裝革命蜂起三個階段，仍難敵高壓懷柔的反制。

流血抗爭停息的另面因素，是殖民者的有效經營，化去了武力抗暴的外在條件。在警察國家體制的支撐下，帝國政府大力開發四大物產，積極資本主義化台灣，舊慣調查、戶籍制度、土地改革、水利交通、金融體系等興革措施，使台灣發展成為糖業帝國，連帶地推動了台灣的現代化；社會住居環境的改善，提升了生活品質；新式教育的普及，開啟民智以進入法治的社會。到了一九一〇年代，日本不僅完全掌控台灣，也讓台灣與日本母國產生緊密的聯結。

台灣議會運動：非武力的自決路線

殖民體制社會成熟的空間，已完全不利於被統治者的武力式抗爭；在愚民政策下，接受日本新式教育的台灣菁英，只有渡海日本者，方能進入一流大學，居留本島者，最高學歷只有醫學專校、國語學校，反諷的是：引領社會運動風潮的也是這些秀異分子。

相對於一九一〇年代的國際環境，一次世界大戰後：民族自決與社會主義的浪潮不斷湧現，加上中國革命的成功和日本大正民主時代的來臨，相輔而成國際潮。身在東京的台灣菁英，受此國際潮的洗禮，自然開始省思台灣的「過去與未來」，在殖民者穩固的控管下，武力的革命路線已無可能，愛爾蘭獨立運動的模式被提了出來，引發王敏川、林呈祿等人的路線爭執，受到威爾遜「民族自決」的影響，蔡培火主張「台灣是台灣人的台灣」、黃呈聰強調台灣文化的特殊

性，王敏川則偏向社會主義革命，於是決議進行廢除六三法（後來改稱三一法，是台灣總督統治的基本法）運動，最後，採納了林呈祿的主張，改走溫和的、體制內的台灣議會設置請願運動（預想台灣議會是脫離帝國統治、走向民族自決的第一階）。

留日新青年先前已組有台灣青年會（發行《台灣青年》、《台灣》雜誌）、啟發會、新民會，行止既定，在傳統仕紳蔡惠如、林獻堂的領導下，以組織同化會、創建台中中學的經驗，集結各地有力者，在一九二一年一月展開歷時十四年、請願十五次的議會運動。

文化啟蒙的浪潮：文化協會的組成與活動

相對應於海外青年的積極作為，台灣醫專（醫學校）、師範（國語）學校出身的島內菁英：李應章、林麗明、吳海水、何禮棟等，也想籌組青年會，他們以蔣渭水的文化公司為底，在取得林獻堂的首肯後，於一九二一年十月十七日，在台北靜修女中成立：以「謀台灣文化之向上」為目的的台灣文化協會，推舉林獻堂為總理，蔣渭水為專務理事，展開文化啟蒙運動，他們要：用台灣話語喚起民族覺醒（蔡培火的主張）、建設台灣的特種文化（黃呈聰的主張）、提高台灣人的品格（蔣渭水的主張）。

文化協會結合了傳統士紳、海外留學生、本土知識菁英三個社會的階層，在組織發展發面，分立了台北、台南、彰化、員林、新竹等五個支部，在領導階層及會員數方面，以台中州（今天的中彰投）最多，因此，影響力、活動熱度也以台中州為最，台中市更因活動頻仍、群英薈萃，而贏得「文化城」的美譽。

啟蒙運動為主的文化運動是多面向的，在訊息的傳遞上，他們發行會報、設讀報社；在教育的層級上，他們辦夏季學校、設立文化書局和中央書局；在知識青年的結合上，他們協助青年團體的組成；在文化種子的傳布上，他們推動白話文的使用；在社會風氣的開通上，他們提倡新劇，組電影隊。在經濟面的抗爭上，他們成立本土資本的銀行；最重要的是，他們廣泛地、連續地舉辦各式的演講會，直接向民眾進行宣導、教育，從支部的文化講演、政談演說、農村講座到東京留學生巡迴講演，掀起全島文化啟蒙的熱潮，使「文化仔」在二〇年代成為進步的、改革的社會標籤。

波瀾壯闊的文化潮：文化運動的效應

文化協會所推動的文化運動，激起了民族意識的覺醒，也使二〇年代台灣的社會空間起了發酵作用，台灣意識成型，使殖民者驚懼於文化運動的力量，企圖以彈壓的方式解消其效能，首開其端的是二二年的台北師範事件，二三年的公益會反制，同年的治警事件，更將領導幹部集體逮捕、判刑，是對文化協會的直接鎮壓；二四年二林事件的大起訴，則是對農民運動走向的嚴重懲處。

映照統治者的威迫，文化協會不僅強力推動每一回的議會設置請願運動，也催生、輔助各個社會運動團體，蔚成波瀾壯闊的文化潮，具體表現在：學潮、新文學運動、婦女運動、農民運動、工人運動、戲劇改革等。

啟蒙的週邊效應，也反映在因啟蒙而來的社會分化、思想分歧，從而產生路線爭議、派系歸屬，伏下分裂的種因。社會分化的現象表

現出的是階層的對立與抗爭，思想分歧則引發階級鬥爭或者全民運動的路線對立。一九二六年，文化運動的發展已到高峰期，議會設置請願運動仍無法得到帝國政府任何善意的回應，反觀，外圍團體的氣勢已經磅礡起來，走向實際運動的呼聲日漸高昂，做為社會運動主軸的文化協會，自然須思索走向政治運動的道路；結果，竟是一九二七年的大分裂，連溫卿領導新文化協會，改走階級鬥爭路線，蔡培火、蔣渭水等舊幹部另立台灣民眾黨，終告左右分流。

文化運動的歷史意義及再造

二〇年代風起雲湧的文化運動，在大正民主的場域中發展開來，蔚為波濤壯闊的巨流，在台灣歷史上實可說是絕無僅有的景象。檢視這一階段的歷史，知識菁英尋找台灣的未來，在以啟蒙為標的諸般活動裏，孕育了更多的社會領導階層，他們活躍於那個時代，也活躍於戰後的歷史舞台。多面向的啟蒙活動，不只是對統治者的抗爭，無疑地，更是成功地催化了台灣的新文化；樹立台灣人尊嚴的文化運動，不只是建構台灣本土文化的恢宏運動，也是告別唐山文化的里程碑。

我們環顧今天的台灣，冷靜思考現時似乎依然美麗的台灣，我們已是台灣島自主的主人，然而，我們卻彷彿還患著蔣渭水〈臨床講義〉所診斷的「智識的營養不良」症，彷彿還是「世界文化的低能兒」。在狂飆的年代過往八十年後的此時，台灣議會之父林獻堂，在文化協會第六回總會的呼籲：「要以改造的精神，造堅牢的的大舟以準備航海。」仍可做為我們再造台灣新文化的座右銘。

跨越時代的長河

　　循著歷史的軌跡，台灣文化協會是一九二〇年代台灣社會運動的主軸，蔡惠如是海外民族運動的先行者，籌組新民會、發刊《台灣》雜誌，形成一股氣勢；林獻堂承而續之，領導台灣人從事抗爭，引領台灣議會設置請願運動的進行；蔣渭水與蔡培火無疑是林獻堂的左右大將，實際推動文化的、政治的、社會的全民運動；彭華英則是在文化協會分裂後產生的台灣民眾黨中擔綱主幹；在左右思潮相互拔河的時代，民眾黨的右翼勢力另外組成台灣地方自治聯盟，由楊肇嘉主掌議會設置運動的大旗；他們是近代台灣菁英的領袖，因此，都為一輯：【領袖群倫】。

　　受到社會主義思潮的衝擊，近代台灣的社會運動也無可避免向左轉的趨勢，【左翼路線】的代表性人物，首先，是李應章掀起農民運動的波瀾，葉陶、楊逵（以文學家為其定位，編入【文學巨擘】）這對革命鴛鴦則投入農民運動的田野；連溫卿、王敏川在激進青年的簇擁下，掌控了台灣文化協會，使之左傾；台北的黑色青年王詩琅，嚮往於無政府主義；謝雪紅直奔蘇聯，成立台灣共產黨，左翼青年翁澤生、蘇新，成為中共駐守台灣的領導人。

　　相對的，右翼路線的成員踏著穩健的步伐，在不同的領域裡發光發熱，他們是：沉潛於毒學研究的醫學博士杜聰明、傾心於教育的哲學博士林茂生、台灣第一位德國醫學博士王受祿、大東信託開創者陳炘、治警事件中反被辯護的律師蔡先於和蔡式穀、積極經營南台灣社會運動的韓石泉和楊金虎兩位醫師；我把他們歸類到【知識菁英】，

有別於【夢土中國】的成員，有些學者稱他們為祖國派，他們直奔對岸，參與中國政治，如：衣錦還鄉的省議會議長黃朝琴，死於國民黨槍下的台灣省黨部主委的台灣先鋒李友邦，被禁止回台的台灣革命同盟會主席謝春木，死於二二八的教育處副處長宋斐如，推行國語運動的國語日報社長洪炎秋，留在島內奮鬥的林獻堂秘書葉榮鐘。

二十世紀初，先是連橫創辦《福建日日新聞》鼓吹排滿，繼有《台灣青年》、《台灣》、《台灣民報》的發刊，展現出報刊的傳達力量與形塑輿論的威力，《台灣民報》的總編輯林呈祿、發行人黃呈聰是先行者、也是啟蒙運動的理論大師；戰後，承續日治時期的抵抗精神，王添燈辦《人民導報》，阮朝日擔任《台灣新生報》總經理，李萬居辦《公論報》，吳三連辦《自立晚報》，他們無懼於威權、為民喉舌，輯為【輿論先鋒】。

新文化運動的主體表現在新文學，張我軍吹起新文學運動的號角，賴和開啟台灣新文學創作的大門，陳虛谷書寫他的田園詩，楊逵成為文學與政治的送報伕，吳新榮則在鹽地裡耕耘文學，張深切進而組織文藝聯盟、創刊《台灣文藝》，吳濁流與鍾理和分別在他們的時代分享《亞細亞的孤兒》和〈白薯的悲哀〉，他們在殖民體制下，耕耘台灣新文學，寫出台灣人民的生活和心聲，輯為【文學巨擘】，海南才子林幼春襄贊林獻堂的民族運動，雖衷情於傳統詩，也一併於此輯。

文化協會也鼓吹戲劇改革，雖然重要成員並未投入藝術的創作，但是蔡培火、楊肇嘉等人卻也不忘提攜美術、音樂的人才；台灣新劇運動的代表人是張維賢，江文也以現代音樂譜出〈台灣舞曲〉，黃土

水以〈水牛群像〉擁抱鄉土，陳澄波以〈嘉義街外〉入選日本帝國美展，藍蔭鼎則堅持地站立在台灣鄉土之上，被推薦為世界十大水彩畫家；【藝術大師】此輯僅收錄這幾位傑出的藝術家，不免掛一漏萬。

　　風起雲湧的社會巨潮下，投身社會運動而不忘黎民疾苦，如：蔡阿信、許世賢兩位女醫生；如：林秋梧轉換身分為入世的的證峰法師；或者，移風易俗、行醫濟世，如：黃玉階；或者，直接投入社會救濟事業，如：施乾；合輯為【慈悲喜捨】，此外，在這塊土地上，也有不少犧牲奉獻、對社會有深遠影響的基督教傳教士，我寫了甘為霖、巴克禮，一併歸入本輯。

　　近代台灣既然是日本殖民史的一部份，統治者及來台日人，當然也是台灣歷史的一部份，在【日人影像】一輯中，我選擇了第一任總督樺山資紀，以及開創殖民體制、事業最富功績的後藤新平，作為統治階層的代表性人物，並搭配：對台灣歷史的整理與研究卓然有成的伊能嘉矩、同情台灣社會運動的「日本的脊柱」矢內原忠雄、培育台灣新美術畫家的石川欽一郎、關心台灣民俗風土的立石鐵臣；這幾位，在他們各自的領域裡，應可為在台日人的表徵。

　　在文化運動的過程中，有無力者與有力者的抗爭，有力者除了當政者外，就是日系資本家和本土的富戶之家，從宅地連雲的李春生，到跨越三個時代的板橋林家（前有林熊徵，後有林柏壽），再到因時代轉換，因緣際會而成富甲一方的商業鉅子：鹿港辜顯榮、高雄陳中和、基隆顏雲年；較特別的是陳逢源，先是社會運動家，後為金融鉅子。

筆記歷史人物臉譜

書寫近代台灣社會菁英的歷史，如以歷史方法學的要求來書寫，以個人之力逐一為之，史料的搜羅整飭，曠費時日；以既有的研究成果來歸納、編排，是書寫人物小傳的方法，即使如此，仍需多所考校、分析間接史料的信度，千字文章竟遠比萬字文章還難以起頭收尾，這也是我書寫台灣社會菁英的過程裡，最難以落筆之處。

然而，書寫過程中最大的傷感，莫過於對歷史人物之定位，難以論斷，在左與右之間、在是非難斷之際、在認同分歧與理念混雜裏，總是在欲言又止，隱約曖昧中，看似輕描淡寫得一筆帶過，其中有著多少心酸血淚？恐須留給讀者來品味斟酌。

近代台灣社會菁英群像之選材，以日治時期為主，以淺簡短文書寫，方便讀者迅速閱覽，難免挂一漏萬，或有表述不全之處；多數發表於《自由時報》副刊，少數篇章發表於台灣醫界聯盟刊行的《醫望》；加以剪裁、增補、潤飾後，一併集結以成本書。

文章寫就，疏漏難免，發表期間，幸賴菁英後人、家屬、讀者諸君不吝斥正，使我落筆之際更能虛心謹慎，謹致謝意；他們是：陳逸雄先生（陳虛谷之子）自日本來函指引方向、嚴秀峰女士（李友邦之妻）來電嘉勉後進、賴洝先生（賴和之子）及李篤恭先生的耳提面命、李玉華女士（李應章之女）的口述歷史及慨然提供珍貴照片；再如讀者：盧俊義牧師對樺山資紀傳記內容的質疑、高昭義先生對林茂生身世的更正與賜教。

本書的得以問世，首須感謝秀威資訊蔡登山先生的慨然允諾出

版，尤須感謝當初鼓勵我書寫台灣歷史人物的大嫂：方梓女士、一路
鞭策生性慵懶的我的大哥：向陽先生，兄嫂如父如母的點化與督促，
使我有勇氣將稿件自紙簍裡翻撿出來，重新校正。

2007.5.20. 寫於府城北園居

目次

輯四：夢土中國

輯六：文學巨擘

輯一

領袖群倫

林獻堂

台灣民族運動的領袖——台灣議會之父

日治時期台灣民族運動的領袖林獻堂，號灌園，一八八一年生於台中霧峰，堂伯父林文察、堂兄林朝棟皆有軍功（平亂及抗法）於前朝，他的父親林文欽則有科舉功名，與當道結緣，造就了霧峰林家的政經規模。甲午戰役，林朝棟、林文欽募義軍抗日，事敗。這樣的環境孕育了林獻堂強烈的民族意識。

林獻堂雖生於富裕之家，一生卻頗多折難，十五歲即帶領家族四十餘人避割讓亂事於泉州。二十歲，父親客死香港，遂承繼經營家業，從事樟腦製造，兼及糖業，並受命為霧峰區長，奠定了他在林家的領導地位。

一九〇七年，林獻堂偶遇梁啟超於東京奈良，以「台灣該當如何？」相詢，梁啟超認為：「中國三十年內絕無能力救援你們，你們何不仿效愛爾蘭人之抗英？」意即：以愛爾蘭獨立模式，以議會路線進行台灣的民族運動；梁啟超並欣然受邀，於一九一一年來台，與櫟社詩人酬酢於萊園，對照於林獻

狂飆的年代

林獻堂早年的半身照；從其八字鬚研
判，此幀約為1919年前後所攝。（楊永
智提供）

堂日後不棄不捨地進行議會設置運動，
有跡可尋。

一九一三年，林獻堂踏出他從事社
會運動的第一步，與林紀堂、林烈堂、
辜顯榮、林熊徵、蔡蓮舫等台灣仕紳，
向總督府申請設立台中中學，幾經波
折，兩年後，由私人興辦專收台灣學生
的學校，變身為公立台中中學。同一時
期，結識明治維新的元老板垣退助，促
成板垣的組織台灣同化會，同化會雖是
主張撤銷日台人差別待遇的組織，成立
僅一個月就被禁止，卻也使台灣各地仕
紳有了串連的契機，林獻堂已隱然是台
灣人的領袖。

一九一八年，林獻堂召集東京
的台灣留學生組織六三法撤廢期成同
盟，繼於一九二〇年，擔任新民會會
長，發刊《台灣青年》（後來改題為
《台灣》，一九二三年再改為《台灣民
報》），憑其資財、人脈，自一九二一
年起，全力推動「台灣議會設置請願」
運動，林獻堂正式投入政治抗爭的歷史
洪流，奔波於台灣與日本帝國議會間，

率團請願凡十四年十五次，所企圖者，欲藉由議會之路來達成台灣自治之實，進而獨立於日本之外，總督府當局自然清楚他及其支持者的路線與目的，遂以剝奪專賣權、逼還銀行債務，來打擊他的事業，並以八駿事件來詆毀他的形象，林獻堂不為所動，進而於一九二三年成立台灣議會期成同盟會，以強化議會運動的成效，總督府當局遂以違反治安警察法為由，大肆逮捕同盟會幹部，此即治警事件。

在林獻堂的首肯與支持下，蔣渭水在一九二一年十月十七日，成立了台灣文化協會，林獻堂自不能置身事外，擔任總理，結合傳統士紳、海外留學生、本土知識菁英三個社會階層，設立台北、台南、彰化、員林、新竹等五個支部，展開文化啟蒙的運動：發行會報、設讀

1925. 2. 16.，第六回台灣議會設置請願代表：邱德金、林獻堂、楊肇嘉、葉榮鐘（中央著西服者右起）抵達東京，學生組宣傳隊執布旗、喇叭在車站唱「議會設置請願歌」歡迎，以六部汽車搭載代表遊行市區，遍訪報社，轟動東京各界。（圖片來源：《台灣民報》）

林獻堂早年的半身照；從其意氣風發的神采、服飾研判，此幀約為1925年前後所攝。（圖片來源：《文化協會的年代》）

1925.2.16.，第六回台灣議會設置請願代表：邱德金、林獻堂、楊肇嘉（左起）、葉榮鐘抵達東京，受到學生宣傳隊手執布旗（上書台灣議會）、喇叭，唱「議會設置請願歌」，高呼台灣議會萬歲的熱烈歡迎。（楊永智提供）

報社、舉辦夏季學校、開設文化書局和中央書局、協助青年團體的組成、推動白話文的使用、提倡新劇、設立美台團電影巡迴隊、成立本土資本的大東信託會社、不間斷地舉辦文化講演和政談演說、設立農村講座、東京留學生巡迴講演等活動，激發出文學的、婦女的、農民的、工人的、學生的運動風潮，使一九二〇年代成為文化協會的年代。

統治當局驚懼於這民族運動的聲勢，試圖鎮壓：一九二二年，以八駿事件，詆毀林獻堂來分化領導群，以台北師範事件迫使學生脫離文化協會；一九二三年，糾集御用仕紳另立公益會來反制，假治警事件集體逮捕領導幹部並予判刑，企圖瓦解文化協會；一九二四年，以二林事件的大起訴，壓制農民運動。

多元的發展，連帶地引入社會主義的思潮，使民族運動產生了運動路線的紛歧，林獻堂雖呼籲：「雖有誤會本會為危險，但我們須向前直進，本會以後要改造的精神，在造堅牢的大

舟以準備航海。」仍無法阻擋一九二七年的大分裂，新文化協會改走階級鬥爭路線，蔡培火、蔣渭水等舊幹部另立台灣民眾黨；林獻堂陷入兩難之局，於是離台，赴歐美旅遊一年、滯留東京近一年始返台，此行開闊了他的視野，堅定地走在務實的政治改革路途上，於是召回楊肇嘉，在一九三○年成立台灣地方自治聯盟，此際，新文化協會、農民組合、工友總聯盟、民眾黨相繼被禁，狂飆的二○年代落幕，審度日本軍國主義勢力抬頭的時勢，政治運動勢難有發展與存在的空間，一九三四年，林獻堂決定停止請願失敗十五次、進行了十四年的台灣議會設置請願運動，終於在次年得到總督府的正面回應：州郡街庄議員半套式的選舉。

戰後流寓日本的林獻堂（左1）。（圖片來源：《世間最幸福的人》）

一九三六年初，林獻堂率台灣新民報之「華南考察團」赴廈門、上海等地，台灣軍方竟在其回台後，唆使流氓在台中公園予以毆辱，此即「祖國事件」，軍國主義氣焰日熾的時局下，地方自治聯盟也於是年宣告解散，加上，中日戰爭的發展、皇民化運動的推展，林獻堂更難有所作為，雖屢次避居東京，仍難擺脫總督府的強力攏絡，是以有一九四一年受任總督府評議員、一九四五年受命為貴族院敕選議員之事。

戰後的空窗期間，林獻堂出面安輯時局，陳儀的長官公署竟也將他列名為「台籍漢奸」，這是對台灣人最嚴重的侮辱！

1947.3.1.，彰化銀行改組為彰化商業銀行。林獻堂（坐者右5）被選為董事長，林猶龍、郭坤木、王金海為業務董事，一九四九年九月廿三日林獻堂離台赴日，被推為最高顧問。（圖片來源：《林獻堂先生紀念集》）

一九四六年，台灣省參議會成立，議長一職，林獻堂最具資望，然而這位「台灣光復致敬團」的代表，卻無此機緣，「讓賢」給衣錦還鄉的黃朝琴，旋即辭去省參議員。二二八事起，林獻堂目睹台灣政治、經濟、文化之驟變，在他後來隱居東京時，寫詩道出了當時的心境：「歸台何日苦難禁，高論方知用意深；底事弟兄相殺戮，可憐家園付浮沈。解愁尚有金湯酒，欲和難追白雪吟；民族自強曾努力，廿年風雨負初心。」

一九四七年，萬念俱灰的林獻堂，被台灣省政府任命為省府委員，次年再任命為台灣省通志館館長，直是將之視為「前朝遺老」，寧非對一生奉獻台灣民族運動的獻堂先生莫可言喻的羞辱？情何以堪？代表台灣人尊嚴的林獻堂豈能接受這樣的擺佈？遂以養痾為名，於一九四九年九月，自我放逐於日本，婉拒蔣介石政府的返台規勸；守在「遁樓」，思鄉卻不歸故里，「亂絲時事任逆遭，夜半鐘聲到枕邊；底事異鄉長作客，恐遭浩劫未歸田。萬方蠻觸爭成敗，遍地蟲沙孰憫憐；不飲屠蘇心已醉，太平何日度餘年？」委婉道出他以生民為念的襟懷。一九五六年，思鄉不歸的林獻堂，病逝東京。

林獻堂是台灣五大家族中，與日本統治當局關係最惡的資本家。他是銀行家，彰化銀行的奠基者。林獻堂也是傳統詩人，為台灣最大詩社：「櫟社」的主幹。跨越三個時代，林獻堂做為台灣民族運動的領袖，隱忍持志，他當之無愧。做為台灣議會的催生者，始終如一，他無怨無悔。然而，漢民族意識強烈的他，對於「夢土中國」的到來，他卻無言以對。終生反日的林獻堂，在戰後卻選擇自我放逐於日本，實則透露對蔣介石政權深沈、無言的抗議，也顯現出台灣人無法

掌有自主權的悲哀。

1993.7.6.《自由時報》副刊

2007.5. 改寫

【參考書目】

1. 葉榮鐘編《林獻堂先生紀念集》（卷一年譜，卷二遺著，卷三追思錄），
   林獻堂先生紀念集編纂委員會，台北：文海出版社，影印版（收入《近代
   中國史料叢刊續編》第十輯），1972.12.。

2. 張正昌《林獻堂與台灣民族運動》，師大史研所碩士論文，1980

3. 蔡培火〈台灣民族運動的領導者林獻堂先生〉，《教育與文化》，期
   148，1957.10.。

4. 編纂組〈林獻堂的事蹟與台灣抗日運動對談會記錄〉，《台灣文獻》，卷
   33期4，1972.12.。

5. 張其昀〈紀念林獻堂先生〉，《政論周刊》，期149，1957.11.。

6. 張正昌〈林獻堂的早年生活與思想淵源〉，《台灣風物》，卷30期4，
   1980.12.。

7. 黃朝琴〈悼念林獻堂先生〉，《教育與文化》，期150，1957.11.。

8. 林衡道〈林獻堂先生與日據時期台灣的政治運動〉，《教育與文化》，期
   148，1957.10.。

蔡惠如

十觴亦不醉‧壯氣入樊籠——台灣民族運動的鋪路人

近代台灣民族運動的母體新民會，首任會長蔡惠如，台中清水人，一八八一年生，是中部地區的望族子弟。

一八九六年在台中經營米穀會社（至一九一○年），一九○八年創立協和製糖會社，皆任社長，一九○九年（至一四年）任台中市的區長，並創立牛罵頭（清水）輕鐵株式會社，一九一三年兼任員林輕鐵董事，一九一七年創辦高密製糖，任常董。

一九一四年，蔡惠如因參與同化會，被當局斥責為擅離職守，慨嘆台民政治地位的卑微，亟思解救之道，終於變賣家產，「回歸祖國」，一九一九年，任北京五國合辦股份有限公司常務理事‧在福州倉前山購屋定居，經營漁業，惜「武士的商法」（葉榮鐘語，意武士改行做生意）讓他的事業漸走下坡，然而事業的屢遭失敗卻沒有澆熄他對民族解放運動的參與。

一九二○年，蔡惠如召集東京台灣留學

蔡惠如
（圖片來源：《櫟社第一集》）

蔡惠如（林柏維提供）

生，成立了新民會，自掏腰包一千五百元給林呈祿，要求他務必要發刊《台灣青年》，由於他的執著和慷慨，一份日治下台民的喉舌刊物，扮演了號角和媒介的角色。祖國派的他，奔波於中日台三地，一九二〇年，蔡惠如籌備參與台灣議會設置請願運動後，赴北京、天津、上海、廣州鼓吹各地台灣菁英奮起響應，促成留華學生團體的紛紛成立，如，一九二三年由他親自發起的上海台灣青年會。

一九二三年，蔡惠如與蔣渭水在東京組議會期成同盟，任專務理事，遭台灣日警檢舉拘捕，並於一九二五年入台中監獄三個月，賦詞：「一路垂楊牽愁離故里，壯氣入樊籠……喜民心漸醒，痛苦何妨。」

一九二四年，蔡惠如為赴「無力者大會」以反擊反文化協會的勢力，不幸跌斷大腿，後雖治癒，事業則因他長年的「不務正業」而衰頹，未幾又罹中風，一九二九年病逝於台北。

蔡惠如能文能詩，是櫟社（詩社）

成員，連橫說他：「為倜儻慷慨之士，不可以繩墨度也，惠如志大才大膽大、而心小慮周。」喜愛狂飲，林獻堂說他「一舉累十觴，十觴亦不醉。」蔣渭水更推崇他是具徹底性格和不妥協精神的革命家。

　　傾家蕩產而在所不惜，為民族之解放而奮鬥，不爭名器，蔡惠如拓展民族運動的原野，只做開路先鋒。

1993.10.26.《自由時報》副刊

1923.4.15.，臺灣雜誌社另行創立《臺灣民報》，主幹林呈祿（右4）、編輯主任黃呈聰（右3），以「啟發我島的文化，振起同胞的元氣」為主旨。左起：蔣渭水、蔡培火、蔡式穀、陳逢源，右起：蔡惠如、黃朝琴。（林柏維提供）

狂飆的年代

【參考書目】

1. 蔡培火〈日據時期台灣民族運動〉，《台灣文獻》，卷16期2，1965.6.。

2. 羅有桂、梁惠錦〈台灣民族運動中早期的蔡惠如〉，《台灣風物》，卷26期3，1976.9.。

3. 葉榮鐘〈台灣民族運動的鋪路人——蔡惠如〉，《台灣政論》，期1，1975.8.。

4. 高日文〈台灣議會設置請願運動始末〉，《台灣文獻》，卷16期2，1965.6.。

蔣渭水

同胞須團結・團結真有力——台灣社會運動的主軸

一九二一年初，蔣渭水渡過了他的「悲觀時期」，而新民會主導的台灣議會設置請願運動也已展開，蔣渭水認為這是「台灣人唯一無二的活路」，經由林瑞騰的介紹結識了林獻堂，獲得他的允諾，及李應章、林麗明、吳海水、林瑞西、何禮棟等醫師的支持下，在十月十七日成立了台灣文化協會，任專務理事，傾全力推動文化啟蒙，掀起二〇年代各式社會運動的波濤，催化了民族意識的普遍覺醒。

蔣渭水刊印《會報》，寫〈臨床講義〉診斷台灣，設讀報社、辦通俗講習會、開文化講演風潮，治療「世界文化的低能兒」（台灣）。多面向的運動經營，激起「台北青年」的覺醒，引燃台北師範的學潮，惹來「有力者」之「公益會」的反制。

為積極從事政治的改革運動，一九二二年組織「新台灣聯盟」。為促成台灣議會的實現，一九二三年成立「台灣議會期成同盟

狂飆的年代

蔣渭水（楊永智提供）

會」，引發「治警事件」，當局以違反治安警察法為由，全島大檢舉，拘捕四十九人，蔣渭水等十三人被判有罪。在獄中寫〈快入來辭〉，開牢獄文學的範例，更堅定了他從事政治解放運動的心志。

隨著啟蒙運動的成熟發展及世界思潮的走向，文化協會內部也因意識型態的不同而漸趨分立，蔣渭水雖疾呼「同胞須團結，團結真有力」，卻也無法改變一九二七年文化協會因路線之爭而分

1923.2.11.，第三回台灣議會設置請願代表：蔣渭水、蔡惠如、蔡培火、陳逢源（右方大旗前四位）抵達東京，學生組隊熱情歡迎。（林柏維提供）

裂的事實,連溫卿主導了全局,舊幹部派總退出,蔣渭水在林獻堂的信任下:「勇於任事,會當有成,凡君有所作為,莫不以無條件而贊成之。」積極籌組政治結社,另闢新路。

蔣連分手後,蔣渭水著手台灣自治會、台灣同盟會、解放協會、台政革新會、台灣民黨的籌組,卻全遭當局的禁止,禁止的真正理由是:蔣渭水的參加。然而「有徹底的性質和不妥協的精神」(楊肇嘉語)的蔣渭水終於在一九二七年七月十日成立了台灣民眾黨,要求地方自治的改革以期達成民族自決的目標,他說:「因為我是醫生,對台灣人之苦狀知之甚詳,如欲稍解台灣人的苦痛,安定台灣人的生活,則須解除台灣人政治上的不滿。」主張全民運動與階級運動同時併行。

為扶助農工運動團體之發展,蔣渭水積極介入工人運動,一九二八年成立了台灣工友總聯盟,主導民眾黨的勞農運動,使民眾黨漸轉向為以農工為主的政黨,導致黨內中、資產階級的認同危

1929.2.11.,台灣工友總聯盟第二次全島代表大會在台南松金樓舉行,會議由盧丙丁、楊慶珍主持,會後發表宣言,要「以合理的鬥爭排斥所謂的幼稚病,期形成台灣工人運動的統一戰線」。(林柏維提供)

機，路線的爭執再度伏下分裂的契機。

　　做為反對黨，蔣渭水領導下的民眾黨：反對日本侵華政策，主張廢除保甲制度，主張完全禁絕鴉片，主張言論自由，主張義務教育，主張廢除惡法。一九三○年十月，霧社事件發生，蔣渭水不恥日本帝國主義者使用毒瓦斯大屠殺的卑劣手段，拍電報向國際聯盟提出嚴厲的控訴，終於迫使當局在一九三一年二月解散了民眾黨。

　　對於蔣渭水的運動路線，代表士紳階級的蔡培火，向來持反對的態度，他主張走體制內、合法的民族自決路線，蔣渭水的熱衷於勞農階級運動，使主幹彭華英以路線偏離全民運動為由辭職，南蔡北蔣已形同陌路，右派終於在一九三○年八月由楊肇嘉領導，另行成立台灣地方自治聯盟，分裂後的民眾黨在改組的爭執中已難挽頹勢。

　　面對民眾黨的解散，被羅萬俥形容為：「取非妥協的態度，猛戰力鬥、不遺餘力」的蔣渭水向林獻堂說：「請先生勿憂無黨，則不能作事。從此則將實行其潛行之運動也。」然而心力交瘁的蔣渭水終因「腸窒扶斯」病而倒下，在一九三一年八月五日，走完他短促的四十一歲生涯。

　　為台灣的前途捨命奮鬥的蔣渭水，臨終時猶遺言：「台灣社會運動已進入第三期，無產階級勝利迫在眉睫，凡我青年同志務須極力奮鬥，舊同志亦應倍加團結，積極的援助青年同志，切望為同胞的解放而努力。」八月二十三日，他的昔日同志為他舉行台灣史上空前絕後的「台灣大眾葬」，送葬者五千餘人，當局並派出武裝警官八十名，沿途維持秩序。然而告別式中，卻仍被禁止宣讀遺言，祭悼的弔辭也被削除字句。

蔣渭水十年的奮鬥，在二〇年代的台灣留下文化、政治、社會運動的典範。做為一名醫師，他以〈臨床講義〉一文診斷台灣，以旺盛的生命力醫人醫世。做為政治家，他以〈民眾第一主義〉身體力行，以組織長才建構政治結社。做為社會運動家，他勇於向殖民統治者挑戰，為弱小的社會下階層爭取生存權，他無畏無懼。台灣革命之父，蔣渭水，興文化啟蒙的風雲，做政黨政治的先鋒，建農工運動的生機，開社會改良的風氣。蔣渭水，一個永不屈服的民族運動家。

《蔣渭水遺集》書影（林柏維提供）

原題〈現代政治結社的創立者：蔣渭水〉
1993.7.13.《自由時報》副刊

改寫為〈蔣渭水是社會運動家還是醫生〉
即本文，《醫望》期1，p32-41，1994.4.

蔣渭水（林柏維提供）

【參考書目】

1. 黃煌雄〈從蔣渭水精神談起──兼論台灣的昨天、今天與明天〉,《這一代雜誌》,1978.12.。

2. 黃師樵〈蔣渭水及其政治運動〉,《台北文物》,卷3期1,1954.5.。

3. 黃煌雄編《被壓迫者的怒吼》,台北:長橋出版社,1978.。

4. 黃煌雄《革命家──蔣渭水》（原名《台灣的先知先覺者──蔣渭水先生》）,台北:長橋出版社,1978.9.。

5. 黃煌雄《蔣渭水》,台北:前衛。

蔡培火

阮是開拓者，不是戇奴才──文化啟蒙的導師

倡導「台語羅馬字運動」最力的蔡培火（峰山），是臺灣社會運動的先驅，一八八九年生於雲林北港，幼時因兄長抗日被捕，隨母親王化避居福建，家產耗盡後返台，十四歲時，以三天的時間學會長老教會的白話字（羅馬拼音），循此而自修日文、漢文，這一學習白話字的生活經驗，使他終生以提倡台灣話語羅馬拼音化為職志。

一九〇六年，蔡培火考入總督府國語學校師範部，一九〇九年，畢業後任阿公店公學校訓導，兩年後轉任台南第二公學校，一九一五年，因參加板垣退助的同化會而被免除教職，幸得林獻堂資助，負笈日本，於次年考進東京高等師範學校。一九一七年，蔡培火擔任由台灣留學生組成的高砂青年會第二任副會長，進而於一九一九年，籌組啟發會：探討要以何種政治型式來解放台灣？進而參與新民會的組織與活動，擔任《台灣青年》編輯主任，在第

蔡培火
（圖片來源：《台灣人士鑑》）

四期發表〈我島與我等〉，提出「台灣是台灣人的台灣」主張，成為台灣民族運動中最重要的中心思想。

一九二〇年起，蔡培火全力推動「台灣議會設置請願運動」，達十四年，藉由與他熟識的矢內原忠雄、田川大吉郎、清瀨一郎、渡邊暢、神田正雄等，向日本帝國議會提出設置台灣議會的請願要求，當日本於一九二八年舉行第一次普選時，蔡培火更出刊《與日本國民書》，強力宣傳設置台灣議會的必要，使其得以掌理台灣的特別法規和預決算。

一九二二年，《台灣青年》改版為《臺灣》，蔡培火回鄉轉任臺灣支局主任；一九二三年，蔡培火接替蔣渭水為文化協會專務理事，以多面向的運動方式掀起二〇年代社會啟蒙的洶湧浪潮：設讀報社、辦夏季學校、成立美台團電影隊，與蔣渭水一南一北，推展草根式的演講活動，贏得「南蔡北蔣」的美譽。

蔡培火並與蔣渭水在東京成立「台

灣議會期成同盟」，企圖在文化協會之外，開拓出政治運動的空間，此舉自然不見容於統治當局，一九二三年末，總督府以違反治安警察法為由，搜捕全島議會期成同盟的成員，此即治警事件，蔡培火被捕入獄四個月，在獄中撰寫〈台灣自治歌〉，高唱：「蓬萊美島真可愛，祖先基業在，田佃阮開樹仔阮栽，勞苦代過代，著理解著理解。阮是開拓者，不是戇奴才，台灣全島快自治，公事阮掌是應該。」

　　為加速啟迪民智，蔡培火更把文化運動的目標鎖定在台語羅馬拼音化上（即白話字運動）；提出「文化運動二層目標論」，指陳：要樹立台灣人的人格尊嚴、要建立台灣人特有的語言和文字，清楚的勾鏤

1926.1.26.，橫濱「臺灣人會」學生三十餘人在橫濱車站，歡迎第七回台灣議會設置請願團代表：蔡年亨、蔡培火、陳逢源（立者右起3.4.5）並乘兩部吉普車（右後方）遊行橫濱市區，午後三點再歡送代表到東京。（林柏維提供）

出文化運動的方向，浮顯出以台灣文化為本體來替代漢文化的型模；檢視一九二〇年代台灣的社會運動內涵，蔡培火己點燃了「台灣白話字運動」。

一九二七年，文化協會因意識型態及派系而分裂，左翼的連溫卿、王敏川掌控文化協會，改走階級鬥爭路線。蔡培火與蔣渭水等舊幹部商議組織政治結社，前後有：台灣自治會、解放協會、台政革新會、台灣民黨，都被警務當局以有「自治主義、台灣人、解放」等字句為由，禁止結社，終於以蔣渭水不參加之條件，在七月十日成立台灣民眾黨，蔡培火擔任顧問。

一九三〇年，台灣民眾黨復因路線分歧而陷於分裂之局，蔡培火與楊肇嘉等，堅持議會運動的努力方向，認為必須「暫時排除民族主義的要素，進行穩健的地方制度改革運動。」於是，另組台灣地方自治聯盟，蔡培火擔任顧問。台灣民眾黨則逐漸左傾、急進，終於在次年與台灣文化協會先後被禁止結社。

一九三四年，林獻堂決定停止進行了十四年的台灣議會設置請願運動，這一請願失敗十五次、被統治者認為是台灣獨立運動主體的解散，是時局變化的無奈，也是民族運動左右分流的結局；一九三五年，台灣總督府讓自治聯盟取得地方自治的局部成果：實施州市街庄議員半套式的選舉，雖然，這台灣有史以來的首次選舉，讓人欣喜，台灣地方自治聯盟也在難能有所作為下，於次年解散。

一九三七年，蔡培火出版《東亞之子如是想》，主張中日親善，企圖弭止戰端，得罪總督府當局，遂於中日戰爭爆發後，全家避難東京，開設「味仙料理店」，仍難逃日本警方逮捕的命運，一九三八年

霧峰一新會之茶話會，前排正中側坐者林雙桂（林幼春
的幼女），其後一桌左起：林攀龍、林獻堂、蔡培火，約
1937。（《林逢源相片冊》，吳建緯提供）

一月，蔡培火與吳三連因反對總督府之「米穀管理案」，被拘押四十
天。

　　一九四三年，蔡培火前往上海，一九四五年戰爭結束，得何應欽
協助飛往重慶，面見當道，於次年一月，加入中國國民黨，受命為台
灣省黨部執行委員，在〈歸台述懷〉一文中說：「我現在是中國國民
黨黨員，但是我過去是台灣青年、台灣新民報、台灣議會、台灣文化
協會、台灣民眾黨、台灣白話字會、美台團等首唱的一個人。」擁護
國民黨政府接收台灣，也為他反抗強權的生涯畫下休止符，此後，台
灣的民主運動，蔡培火都缺席了。

　　一九四八年，蔡培火當選第一屆立法委員、一九五〇年，受命為
行政院政務委員、一九六六年受命為國策顧問，位高而權輕，成為統

1949.9.23.，林獻堂以養痾為名，自我放逐於日本，1955.11.10.年，時任政務委員的蔡培火（右）銜命赴東京，希能請回台灣大老：林獻堂。（圖片來源：《林獻堂先生紀念集》）

蔡培火（林柏維提供）

治者任用台人的樣板，於一九八三年告別人寰；期間，於一九五二年任紅十字會總會副會長，於一九六五年，創立淡水工商專校並任董事長。

蔡培火是日治時期民族運動的要角，也是台灣派中「本土派」的代表，他，終其一生始終不變的志業與堅持，是台灣話文的推展。

蔡培火的台灣白話字，是以羅馬字拼音寫臺語，劍及履及，在一九二五年即以白話字書寫〈十項管見〉（CHAP-HANG KOAN-KIAN）的社會論

述，一九二九年，在台南開辦白話字講習會，編製《白話字課本》。戰後，蔡培火對台語文字化有了妥協性的大退讓，改用北京語注音符號，稱台語為閩南語，一九七〇年，出版《國語閩南語對照辭典》，一九七七年，出版《國語閩南語對照普通會話》。當然，蔡培火對台語的保存、推廣的努力，自然不為統治者所樂見，樂觀的蔡培火，「忽略了」戰前戰後兩個政權的國語中心政策。

1993.9.21.《自由時報》副刊

2007.5. 改寫

【參考書目】

1. 蔡培火《與日本本國民書》，新店：學術出版社，民國六三年五月。

2. 邱奕松〈蔡培火小傳〉，《傳記文學》，卷42期3，頁139。

3. 葉榮鐘《台灣民族運動史》，台北：自立，1982。

4. 張漢裕主編《蔡培火全集》，台北：吳三連臺灣史料基金會，2000.。

最早接受社會主義洗禮的台灣青年，應數台灣民眾黨第二任主幹彭華英，他在一九二○年六月，即已參加日本共產黨的外圍組織曉明會，受到堺利彥思想的影響，參與「宇宙俱樂部」的社會問題演講會。後來與蔡惠如組織上海台灣青年會，催化了台灣共產黨的萌芽。

彭華英，南投國姓人，一八九五年生於新竹竹東，明治大學政治經濟科畢業，曾任東京台灣青年會會長，參與了聲應會、啟發會、新民會的結成，一直致力於反日的民族運動，當《台灣青年》雜誌決定發刊後，擔任庶務主任的他，遂奉命與林呈祿追隨蔡惠如赴中國，謀與中國人同志之聯絡。一九二一年彭華英抵達上海後，立即與朝鮮革命團體建立關係；並以沿海漁業團體總代表的身分向北京的國務院陳情，籌組日華合辦的大型漁業會社，喚起國人對沿海漁業的重視。

彭華英（圖片來源：《台灣人士鑑》）

1920.1.11.，新民會成立，林獻堂（上右）任會長，林仲澍（右下）、彭華英（左上）提議，首任會長蔡惠如（上左）支助的《臺灣青年》在七月十六日創刊，由蔡培火（下左）林呈祿（下右）王敏川（右上）徐慶祥（左下）編輯。（圖片來源：《台灣青年》）

被稱為「文化協會上海支部」的彭華英、許乃昌，結合台韓同志在一九二四年組織了社會主義團體「平社」，發行《平平》旬刊，並在南方大學成立「台韓同志會」，次年，與蔡孝乾組上海台灣學生聯合會，使社會主義的思潮對二〇年代的台灣起了發酵的作用，卻也因思想方向的歧異，導致文化協會的左右分裂。

彭華英返回台灣後，傾全力於政治運動。一九二七年與蔣渭水、蔡培火等人籌組台灣民黨、台灣民眾黨，彌平創黨初期蔣、蔡間的意氣之爭，並擔任中央常務委員兼掌組織、總務兩部。對於黨綱的解釋，彭華英指陳蔣渭水的解釋案是「陷於空理空論，無異表示本黨以殖民地自治為目標。」於是他把蔣之「根據台灣憲法，使台灣人擁有立法部協贊權。」易之為「根據立憲政治之精神，使台灣人擁有參政權。」這一年年底，謝春木辭職，彭華英繼任主幹。

民眾黨甫成立即存在著：蔣渭水派、蔡培火派兩股勢力的抗衡，蔣渭

水全力發展台灣工友總聯盟的階級運動路線，使得主張依據黨綱專做
政治運動的彭華英甚感不滿，他表示「民眾黨今天能被社會肯定的原
因，並不在於勞動團體之支持，而是它能包容島民有力者。」進而在
一九二八年七月辭職，理由是「實因與蔣渭水派之主義主張互不相容
之故。」

　　彭華英認為：「台灣的社會運動遲遲不進的原因，是台灣缺少
首領格的人物。」因此，他放棄了一切，包括他與女醫師蔡阿信的婚
姻，在一九三二年遠走中國滿州，任職電信電話會社。終戰後，在楊
肇嘉的邀請下，任省民政廳主任秘書及專門委員，一九六八年病逝。

　　受社會主義的薰陶，掀起巨大的社會主義浪潮，但彭華英走著與
連溫卿、王敏川、蔣渭水、謝雪紅不同的路，他既沒有成為無政府主
義的信徒，也沒有踩進共產主義的陣營，左右兩邊，於他顯然都格格
不入。

1994.7.18.《自由時報》副刊

【參考書目】

1. 《台灣總督府警察沿革誌，第二編領台以後の治安狀況（中卷）（村上克
　　夫、小松三郎輯錄）》，頁82-86.103-109.244.，台北：台灣總督府警務
　　局，1939.7.。

2. 宮川次郎《台灣の社會運動》，台北：台灣實業社營業所，1929.10.。

3. 《台灣民報》。

楊肇嘉

地方自治的前行者──台灣獅

被稱為台灣獅的楊肇嘉，一八九二年，生於台中清水，是大地主楊澄若秀才的養子；一九○一年，進入牛罵頭公學校，一九○八年，隨岡村玉吉校長到日本，轉入東京市黑田高等小學校，次年進入京華商業學校，期間奉養父之命，於一九一三年回台結婚，次年畢業，擔任牛罵頭公學校雇員（教師）。

一九二○年，台灣行政區劃改行州郡街庄制，楊肇嘉被派任為為清水街長（相當今之鎮長），時台灣社會運動勃興，楊肇嘉趁一九二二年考察日本模範村的機會，參加台灣青年會的年會，受到林獻堂議會設置請願運動的感召，不顧公職身分，毅然加入民族運動的行列，當一九二四年街長任滿時，自然不獲續聘。

一九二三年末，治警事件發生，文化協會重要成員幾乎全被逮捕，蔣渭水、蔡培火等十三人於次年被判有罪，社會運動受到重挫，楊肇嘉毅然投入，與林獻堂、邱德金、

楊肇嘉
（圖片來源：《台灣人士鑑》）

葉榮鐘為代表，接續進行第六次台灣議會設置請願，時為一九二五年二月。

一九二六年，楊肇嘉舉家赴日，以三十五歲高齡考入早稻田大學專門部政治經濟學科，得償就讀大學的宿願。被稱為爸爸學生的他，自然是留學生的領袖，乃於一九二七年重整新民會，並受蔣渭水推舉：為台灣民眾黨駐日代表，負責與日本中央政府的交涉，向田中義一首相提出民眾黨的十五項要求：「實施台灣地方自治：州、市、街、庄自治機關民選，賦予議決權。」此外，楊肇

1925.2.21.，台灣青年會在中國青年會館，開歡迎台灣議會請願團講演會，由郭國基、吳恭主持；葉榮鐘、邱德金、楊肇嘉、林獻堂（坐者左起）發表演說，群情激動，高呼台灣議會萬歲。（圖片來源：《楊肇嘉回憶錄》）

嘉更聯絡各政黨聲援，發動輿論響應，大量印發「備忘錄」，來凸顯台灣地方自治的主張，博得台灣獅的美譽。

一九二九年，楊肇嘉大學畢業，已是旅居東京之台灣民族運動的實際領導人。然而，一九三〇年的台灣，自文化協會中退出另立的民眾黨，已呈現分裂之局，楊肇嘉在林獻堂、蔡培火等人去函召喚下，回到台灣，組織「台灣地方自治聯盟」，推舉林獻堂、土屋達太郎為顧問，主張「地方自治之確立，實為建設台灣之基礎，一切改革運動當以此為出發點，要之，台灣之地方發展與民眾之生活改善，均繫於地方自治之實施 。」並在台中、嘉義、台南、鹿港、南港、南投、員林、能高、屏東、北門等地設立支部。

賡續民眾黨的十五項要求，自治聯盟的第二次大會決議：明確要求公民權和地方自治的實施，楊肇嘉不棄不餒，在一九三四年五月，

1929.11.24.，東京新民會開定期總會，選楊肇嘉（中坐者）為專務理事、呂阿墉、呂靈石、葉榮鐘、黃及時為理事，葉榮鐘為編輯委員，並請蔡培火擔任顧問。（圖片來源：《楊肇嘉回憶錄》）

攜《台灣統治意見書》到東京，拜訪日本權要，要求讓台灣早日實施地方自治，台灣總督府始於一九三五年四月，公布台灣地方自治制度改正方案，且於同年十一月二十二日實現：即市街庄議員選舉，是台灣有史以來第一次選舉。

然而這一選舉卻只能選出半數議員，另一半是由總督府選任，這種半套式的選舉毫無自治精神，自然不能為楊肇嘉及自治聯盟所接受。

眼見進行了十四年的台灣議會設置請願運動，已在一九三四年決定中止，退而求其次的地方自治要求，卻只得到這樣的成果！繼續奮鬥嗎？戰爭的氣息日焰，中日時局漸趨緊張，台灣地方自治聯盟在難能有所作為下，終於在一九三六年召開的第四次全島代表大會，決議解散台灣地方自治聯盟，隨後，楊肇嘉再度移居東京。

1932年，反對「米穀統制案」之請願代表，赴東京前與歡送群眾合影，前排左起4.5.：林獻堂、楊肇嘉。（圖片來源：《楊肇嘉回憶錄》）

1930.8.17.，台灣地方自治聯盟在台中醉月樓成立，與會者有：顧問土屋達太郎、林獻堂（前左1），常務理事楊肇嘉（中右5）、蔡式穀、李良弼、劉明哲、李瑞雲、本部主幹洪元煌（中右6）及葉清耀、黃朝清等二十餘人。此照係下村海南博士來訪本部時的合影。（圖片來源：《文化協會的年代》）

　　一九三七年，台灣總督小林躋造強力推動「米穀管理案」（台灣米須由政府限價收購輸出，交由指定米穀商出售，扼殺了農民生機），楊肇嘉、吳三連、劉明電三人起而反對，向日本輿論界、國會議員展開遊說，台灣總督府遂藉由警視廳之手，在一九三八年一月，拘捕吳三連和蔡培火，羈押四十天後始釋放。

　　一九四一年，楊肇嘉舉家離開日本東京，取道朝鮮到上海經營大東實業公司，中途，尚因身上懷有中國政要名錄，遭朝鮮新義州日警以間諜罪下獄兩週。

　　一九四五年，戰爭結束，楊肇嘉任台灣旅滬同鄉會理事長，兼台灣重建協會上海分會理事長，濟助同鄉返台，保釋戰俘營中的台胞，

所費開銷超過億元。然而，讓楊肇嘉痛心的是：從故鄉台灣傳回的種種訊息，竟都是陳儀政府專斷橫行的貪腐劣行，民不聊生，民怨四起，楊肇嘉起而仗義直言，聯合台灣旅滬六團體，在一九四六年七月，向南京國民政府請願，揭發行政長官陳儀的弊政，隨即在南京召開記者會，各大報紛紛登出「陳儀是太上皇」的報導，於是，楊肇嘉反為陳儀檢舉為「戰犯」，將之繫獄於上海近四十天。

楊肇嘉的陳情，國民政府顯然是置之不理，一九四七年，台灣終於爆發二二八事件，楊肇嘉再度聯合台灣旅滬六團體，於三月五日向南京國民政府請願，要求嚴辦慘案禍首陳儀、釋放無辜人民，並發表〈為台灣二二八慘案告全國同胞書〉；楊肇嘉與陳重光等代表，立即獲得國防部長白崇禧的邀請，於三月十一日搭機返台，調查事件原委，時，整編二十一師已在台灣展開報復性的殺戮行動，陳儀怎可能讓他們進行查訪！次日，即被迫無奈離去。

楊肇嘉
（圖片來源：《文化協會的年代》）

　　四月十二日起，不善罷甘休的楊肇嘉，再聯合旅京滬台灣七團體，陸續提出關於二二八慘案的報告書、意見書、聲明書、說明書，台灣人團體的呼籲，國府仍是一概不聽！年末，楊肇嘉舉家回到滿目瘡痍的台灣。

　　一九五〇年，楊肇嘉應省主席吳國楨之邀，擔任民政廳長，任內辦理第一屆縣市議員等選舉，畢生心力所在的地方自治，得償夙願。

　　楊肇嘉關懷台灣，不只是政治事務，對台灣的藝文發展也頗多貢獻，在台灣議會設置請願歇止的一九三四年，他促成江文也、陳泗治、高慈美等音樂家組成「鄉土訪問演奏團」，回到台灣舉辦七場音樂會；大力贊助楊清溪的「鄉土訪問飛行」，振奮民心。此外，他對台灣美術協會成員更是呵護有加，黃土水、李梅樹、李石樵、陳澄波、楊三郎等人也不負所望，在帝國美展上屢傳佳績。

　　自民政廳長卸任之後，楊肇嘉先後於一九五三年，任省政府委員；一九六一年，任中國醫藥學院董事長、大雪山林業公司董事長；一九六二年，獲聘為國策顧問；一九七六年，病逝。

　　急公好義的楊肇嘉，一生為爭台灣人的政治自由與平等而努力，為建立議會政治，達成台灣自治，立場始終一貫，是他對台灣最大的貢獻。戰後，無畏強權，戮力協助台灣人返鄉，散盡家財在所不惜；在二二八的晦暗時日裡，他挺身而出，無畏無懼，強力要求懲處陳儀等惡質官僚，為台民申冤，贏得台灣人對他的崇敬。

　　楊肇嘉，不愧：台灣獅。

1993.8.3.《自由時報》副刊

2007.5. 改寫

狂飆的年代

【參考書目】

1. 王一剛〈故楊肇嘉先生生平事跡〉，《台灣風物》，卷27期2，1977.6.。

2. 楊肇嘉《楊肇嘉回憶錄》，台北：三民書局，1968.12.。

3. 張炎憲、陳傳興主編《清水六然居：楊肇嘉留真集》，台北：吳三連臺灣史料基金會，2003.12.。

知識菁英

杜聰明

國際毒學權威——台灣醫界教父

從激情的革命青年轉化為基礎醫學的研究者,成為世界級的「毒學」權威,第一名的杜聰明,是鴉片專家,是藥理學研究的巨擘。杜聰明著作等身,獎掖後進,培育四十多位知名國際的藥理學博士。杜聰明主持台大醫學院、經營高雄醫學院,春風化雨,「樂學至上,研究第一」,灌溉本土醫學的園圃,盡心竭力。杜聰明傑出的成就,是台灣的榮耀與驕傲,杜聰明是一流的台灣人,他的一生,更是台灣醫界的最佳典範。

要辦世界一流的高雄大學,永遠第一的杜聰明,號思牧,一八九三年八月二十五日,生於台北縣三芝北新庄,父親杜日鳳是位具教育慧眼的農民,迎合時勢,培養他的長子杜生財讀國語(日語)傳習所,杜聰明幼年失怙,後來即在杜生財開設的車埕書房接受啟蒙教育,修讀漢文。

一九〇三年,杜聰明進滬尾(淡水)公學校,一九〇九年,以第一名的成績畢業,獲

杜聰明（圖片來源：《台灣人士鑑》）

優等賞；同年，以第一名的成績考上日治前期台灣最高學府：台灣總督府醫學校，卻因體格丙下險遭除名，幸得代校長野純藏的堅持，始能入學，經此一事端的衝擊，身軀瘦小的杜聰明下定決心鍛鍊身體，每日以冷水沐浴、勤習體操，「守著老師的教訓，繼續了五十年，一日也不間斷，這種好學生，他（體育老師加藤牛藏）在全世界上能找到第二個嗎？」正是這股傻勁與毅力促成了杜聰明日後不同凡響的成就。

一九一四年，杜聰明以第一名的成績畢業（預科一年、本科四年），捨棄高收入的醫師所得，進入台灣總督府研究所當助理，追隨細菌學權威堀內次雄，潛心於基礎醫學的研究。

受到辛亥革命浪潮的鼓舞，學生時代的杜聰明也關心彼岸的政治發展，常與同學私下討論中國局勢，進而以行動實際參與，杜聰明與李根盛、蔣渭水、翁俊明、曾慶福等人曾以「復元舍」的名義，匯款給戴季陶當革命經費，並由蔣渭水在新公園前開一家「東瀛商會」

台灣總督府醫學校的上課情形（圖片來源：《台灣治績志》）

的文具店,做為聲援中國革命的聚會場所。一九一三年,杜聰明和同班同學翁俊明「奉命」擔任刺客,攜帶霍亂菌連培養基,取道日本,經大連到北京,企圖暗殺袁世凱,終以計劃不周,鎩羽而歸。

留學日本後,杜聰明仍未忘情於中國革命,在一九一六年加入了流亡海外的中華革命黨。

一九一五年,杜聰明負笈日本,考進京都帝國大學醫科大學選科,在賀屋隆吉指導下研究內科學,同時以五年

台灣總督府醫學專門學校校長堀內次雄

1929年,醫學專門學校校長堀內次雄(中坐者)視察埔里,路經北斗郡,郡下醫學校之畢業生設宴歡迎。(李玉華提供)

的時間在 Schiller德語夜校修德文，次年進京都帝大醫科大學研究科，在森島庫太的指導下研究藥物學，這一年他的母親陳愛棄世，杜聰明含悲隱忍，更加努力。一九二○年，杜聰明即將完成學業的消息傳回台灣，他的老師堀內次雄（台灣總督府醫學專門學校校長）認為這是母校至高的榮耀，旋即任命他為「派駐京都帝大醫科研究藥物學」的顧問講師，即日起給付薪俸（月薪百圓）。

一九二一年十月，杜聰明學位在望，返台受命為醫學專門學校助教授兼台灣總督府中央研究所技師，敘高等官七等。十一月，杜聰明向京都帝國大學提出醫學博士學位論文申請，次年四月，升任醫學專門學校教授，五月，兼私立台灣商工學校講師；並由蔡培火做媒人，與霧峰望族林仲衡的千金：林雙隨結婚。一九二二年十二月十六日，杜聰明正式取得醫學博士，成為台灣史上的第一位博士，講授藥物學課程之餘，他發現了木瓜葉中的卡爾百因具有治療赤痢症的療效。

醫學專門學校校長堀內次雄
（圖片來源：《台大醫院百年懷舊》）

一九二五年底，杜聰明奉命以台灣總督府在外研究員的身分，從事有關藥物學的調查與研究，公費留學美國、加拿大、英國、德國、法國、義大利兩年，一九二六年代表台灣出席在費城召開的麻醉藥教育會議，也開始了杜聰明畢生研究鴉片、嗎啡、蛇毒的生涯。

日治時期的台大醫院
（圖片來源：《台大醫院百年懷舊》）

一九二九年，杜聰明為了研究鴉片癮者之除癮治療方法，與邱賢添、張紹濂、葉貓貓至施乾在萬華創設的「愛愛寮（乞丐收容所）」進行研究，並擔任台灣總督府專賣局顧問，從事〈鴉片煙膏及鴉片副產物之性質與反應〉的實驗研究，且受命親往朝鮮、滿州、中國調查鴉片癮者及嗎啡類中毒者的治療與收容狀況，促成總督府在一九三〇年成立「台北更生院」，杜聰明任醫局長及看護婦（護士）養成所主任，致力於鴉片吸食的盡絕，並分別於一九三一年、一九三五年、一九三八年提出《台灣阿片癮者之統計的調查報告》。

杜聰明以「漸減療法」治療鴉片癮者，並首創以尿液檢測微量嗎啡成份，

做為患者治療成效的依據。從一九二九年到一九四六年，台北更生院在杜聰明的主持下，治癒一萬多名鴉片癮者，鴉片吸食在台灣幾成絕響。一九三七年日本學術協會頒獎給杜聰明，肯定他對治療鴉片癮者的貢獻。

一九三七年杜聰明受聘為台北帝國大學兼醫學專門部教授，任藥理學講座，潛心於熱帶醫學的開拓，開始研究蛇毒藥物和毒物學，從事「台灣產蛇類之生物學的綜合研究」，先後發表了百餘篇關於「台灣產蛇毒之毒物學的作用及實驗治療學的研究」論文。一九四一年杜聰明研究出「從蛇毒製造藥劑的方法」，次年被選為熱帶醫學會評議員，由於他卓越的成究，一九四五年他被任命為台灣總督府評議會議員。

終戰後，時局的更易，社會的變遷，使杜聰明更加忙碌，做為台灣知識界的領導人，杜聰明增添了許多職務，在本職上，他是：台灣省台北大學（即台北帝大、台灣大學）校務委員會常務委員、台北更生院院長、台灣省立戒煙所所長、台灣大學醫學院院長兼附屬醫院主任（院長）及熱帶醫學研究所所長、台灣醫學會會長（理事長）。在社會文化上，他是：台灣科學振興會長（理事長）、台灣新生教育會長、台灣區教育復員會委員。在政治上，他是：台灣省受降典禮人民代表、台灣省專賣局技師顧問、台北市市政建設委員會議長、國民參政會參政員、台灣憲政協進會理事、台灣政治研究會常務理事。

二二八事起，杜聰明被聘為二二八事件處理委員會委員，中國國軍二十一師登陸後，展開鎮壓與屠殺，隨之而來的是「清鄉」，台籍社會領導菁英大量折損，台大文學院院長林茂生慘遭不幸，杜聰明自

然也列名被捕名單，四月，魏道明延攬他為省府委員，始幸能避難。

一九四八年十二月，杜聰明暫代台大校長四十四天，台大醫學院在他的主持下，堅持學術獨立的信念，拒絕了農復會的校園土地借用請求，拒絕了國防醫學院想與台大醫學院合併的提議。

杜聰明參與過數所大專的籌設，從東寧醫學院（一九四六年）顧問到延平商學院（一九四九年）董事、私立台灣醫藥專科學校（一九五三年）主任委員等，皆無疾而終。一九五三年，杜聰明卸下台大醫學院的重擔，有感於藥學人才的欠缺，決意自力興學，得到何禮棟（促成蔣渭水組織文化協會的醫師）的協助，及台灣醫學會等醫藥團體的支援，著手籌設私立瀛州醫學院，任主任委員，旋改稱私立瀛州大學，再易名為私立高雄大學，得到陳啟川的校地提供，校名遂定為高雄醫學院，一九五四年成立，是為台灣最早成立的私立大學，創辦人杜聰明為首任院長。

杜聰明辦校，以「樂學至上，研究

杜聰明
（圖片來源：《台灣人士鑑》）

第一」為指標，他的教育方針是：教育方法仿傚美國大學制度，學生輔導方面採劍橋牛津的導師制，行政制度上採歐日制的教授治校；長遠目標則是：要使高雄醫學院成為世界一流的高雄大學。

　　杜聰明「一生都在教書，從未替人看診。」桃李滿天下的他，讓學生們代他照拂人們的健康。杜聰明治學嚴謹，蒐羅資料鉅細靡遺，從五輯《杜聰明言論集》中，我們看到他點滴不漏的履歷書，寧繁勿簡的書類紀錄，一個人的偉大常在細微的生活小節中自然顯露，杜聰明正是這樣的人。一九八六年二月二十五日，台灣醫學泰斗杜聰明，帶著台灣的榮耀走完了他的一生。

　　原題〈國際毒學權威——台灣醫界教父：杜聰明〉，1993.12.28.《自由時報》副刊

　　改寫為〈體格丙下的醫學博士：杜聰明〉，即本文，《醫望》期5，p25-27，1994.11.

收入《臺大醫院百年懷舊》，1995.6.

【參考書目】

1. 心岱〈人生六十才開始：訪杜聰明博士〉《中央月刊》，卷14期7，頁53-54，1982.5.。

2. 杜聰明《杜聰明言論集》輯二，高雄醫學院，1964.6.。

3. 陳永興〈做個一流的台灣人〉《自由時報》版25，副刊，1993.8.25.。

4. 〈新醫學博士杜聰明君〉，《台灣》，年4號1，頁74-75。

5. 魏火曜〈台大醫學院十六年〉，《傳記文學》卷1期7，頁35-38。

6. 杜聰明《杜聰明回憶錄》，台北：杜聰明博士獎學基金管理委員會，1973.8.。

林茂生

殘年盡可付閒鷗——不賣靈魂的教育哲學家

台灣第一位哲學博士林茂生，字維屏，號耕南，一八八七年十月，生於台南市，父林燕臣為前清秀才及台南基督長老教會長老。幼年受外祖父郭景澄（前清舉人）啟蒙漢學，九歲習日文於曹洞宗和尚，後入長老教中學（今長榮中學）；期間向英國小姐學英文，並兼教導同輩漢文，獲得「半仙」雅號。

一九〇三年，林茂生赴日本京都，進同志社中學、第三高校。一九一六年，自東京帝國大學哲學科畢業，是台灣首位文學士，旋即返台，任長榮中學教務主任、兼台南師範教授，一九二〇年，轉任長榮中學理事長及台南商專教授，自是為教育而奉獻。

一九二七年，林茂生以在外研究員身分留學美國哥倫比亞大學，成為杜威和門羅的高足，一九二八年，取得碩士，一九二九年，以《日本統治下的台灣共同教育》獲哲學博士。學成赴歐洲考察，在柏林大學以德

林茂生（圖片來源：《台灣人士鑑》）

語演講東西文化異同。一九三〇年返台，次年，任台南高等工業學校教授兼英、德語科主任及圖書館館長。

二〇年代社會運動風起雲湧，林茂生雖人在海外，但並未缺席，在一九一五年擔任首屆高砂青年會會長時，他已是留日青年的領袖。文化協會成立，林茂生擔任評議員，是夏季學校的講師；在台南，他辦西洋歷史和英語講習會，透過社會運動直接啟蒙民眾。

林茂生雖受日本官勳，對統治者的日台差等待遇卻也慨嘆良多，對日本的同化政策每多批評。一九二三年至一九二七年，為了替長榮中學籌募十萬元基金以符合政府立案要求，奔走全台，演說募款，指陳日本奴化教育的缺失，疾呼：「私校為台人唯一之生路。」長榮中學因而成為私人興學的典範。

林茂生的耿介性格及不向官位勳等低頭的風範，文學家張深切譽之為：「不肯買學問、不肯賣靈魂，更不肯賣台灣人。」

1917年，林茂生與王采蘩小姐結婚，此幀應是當時的紀念照。（圖片來源：《文化協會的年代》）

終戰後，林茂生雀躍於台灣回歸祖國，受聘為台大文學院院長。為啟迪民智，糾集原《興南新聞》的人馬，創辦《民報》，任社長，為民喉舌，言論公正，揭露時弊，復敢於辭退國民參政員職位，因而得罪當道。「從此南冠欣脫卻，殘年盡可付閒鷗」的心志言猶在耳，即罹難於二二八事件，享年六十歲，誠為台灣菁英人才折損的最大遺憾。

教育家不是躲在校園裡的班長，學校更不應是知識份子的避風港，教育的園圃來自於社會，教育良心就是社會的良心，淑世救國、改風易俗，為所當為，林茂生就是這樣的人。林茂生本著知識分子的良心，立足於台灣，俯仰無愧；為制式教育而奉獻、為社會教育而耕耘、為生民立命、不畏政治惡勢力的風骨，林茂生始終如一。

1993.8.17.《自由時報》副刊

美台團辯士郭戊己參加1925年文化協會第二回夏季學校（霧峰萊園）的紀念品：扇子，林茂生（耕南）在上題書「任重道遠」，尚有林獻堂（灌園）、林幼春（南強）、蔡培火（峰山）的也親筆書翰。（郭木霖提供）

林茂生（林柏維提供）

【參考書目】

1. 葉榮鐘《台灣人物群像》，頁81，台北：帕米爾，1985。

2. 錢安慶〈青山碧海共長存〉，《暖流》，卷2期1，頁88-94，1981.12.

3. 陳永興、李筱峰編《台灣近代人物集（一）》，台北：李筱峰，1983.8。

4. 洪炎秋《教育老兵談教育》，台北：三民，1968。

5. 張深切《里程碑》（又名：黑色的太陽），台中：聖工出版社，1961.12。

蔡先於

平民律師—台中縣副參議長

受限於教育環境及日本殖民方針，台灣在日治時期的人才養成，不可避免地以出身醫學校和國語學校（師範學校）為主脈，社會菁英自然也以這兩學府為搖籃，醫生和教師遂成為主導社會趨勢的主流。赴日留學者則以政治、法律、經濟三門為標的，而他們離台前的最高學歷，大都是國語學校。

蔡先於，就是從教師轉向律師的典型範例，一八九二年，生於台中梧棲，一九一三年，以優異成績畢業於總督府國語學校師範部，隨即返鄉任教於沙鹿、梧棲公學校，並兼訓導職，以他的熱誠盡瘁杏壇，卻不可免地感慨於前途的茫然，一如吳濁流在《無花果》中所敘述的日台差等待遇，蔡先於辭去了教職，一九一八年負笈東京，進明治大學法科，埋首群籍，因緣際會地參與台灣新民會的組成，匯入了反日運動的洪流。

蔡先於在一九二一年畢業後，於次年任職於大成火災海上保險株式會社東京支

蔡先於
（圖片來源：《台灣省地方自治誌要》）

1924年，台灣議會期成同盟會違反治安警察法事件（治警事件），高等法院二審判決決文（油印本）中的第四頁。（林柏維提供）

店，一九二三年與蔣渭水、蔡培火、林呈祿等八人聚合於《台灣》雜誌社，成立台灣議會期成同盟會，蔡先於更毅然辭職返台，擔任文化協會理事，在島內從事文化講演的啟蒙運動，致力於推動台灣議會的設立，豈料此舉違逆了統治當局的禁令，展開拘捕，蔡先於與蔣渭水、林幼春、韓石泉、賴和等二十九人繫獄台北，此即史上所稱的「治警事件」，一九二四年，二審判決，蔡先於無罪開釋，旋於次年再進明治大學，一九二六年正科畢業。

二九二八年，蔡先於通過日本文官考試「高等試驗司法科」，先在岩本勇次郎法律事務所當律師，由於思路明晰、辯護能力卓越，甚獲好評，原可在日本法律界開拓出自己的天空，卻也難以遏制濃烈的鄉愁，一九二九年末，蔡先於回到台灣，次年，在台中市千歲町開設律師事務所，辯才無礙的他，敘理環環相扣，次序井然，聽者無不讚嘆，「大小事件皆不經事務員之手，都要自身應採，辯護士的民眾化，可說是以蔡

辯護士為嚆矢」。

一九三四年，蔡先於參與了中止議會請願運動的會議，次年，參加台灣史上的第一次地方自治的選舉，當選為台中市議員。終戰後，蔡先於在一九四六年當選為台中縣（含今台中縣市、南投、彰化兩縣）參議會副議長。二二八事件後，他退出政壇，全力經營慈善事業，改組慈惠院為台中救濟院（現改稱私立台中仁愛之家）、創辦靜和精神醫院、慈惠醫院，一九五〇年逝世。

從小學教師到聲名顯赫的律師，蔡先於勸人為善，減少訴訟，有違「律師常規」，他參與反日運動，他涉足政壇，卻都淡然退出。

沒有基層菁英的社會參與，文化運動、社會運動都將黯然失色。戰後台灣，類似蔡先於的人，不約而同的轉向文化事業、慈善事業，

1935年，台灣史上第一次的地方自治選舉，蔡先於當選為台中市議員，此幀為楊肇嘉（牆下右2）巡視台中市投票所的情形。（圖片來源：《楊肇嘉回憶錄》）

他們顯然被排除於新政權之外，或者對戰後政局的發展，已然寒心，這樣的現象，不僅是一個地方型知識菁英的歷程，也是台灣近代歷史的縮影。

1994.9.5.《自由時報》副刊

蔡先於
（圖片來源：《台灣人士鑑》）

【參考書目】

1. 林進發《台灣官紳年鑑》，頁18，台北：民眾公論社，1932.8.。
2. 莊永明〈中部法界先驅：蔡先於〉，《台灣近代名人誌》，冊2，頁121-129，台北：自立，1987.。
3. 《台灣民報》。

蔡式穀

堅持議會路線——掌舵地方自治運動的律師

要求落實地方自治制度,「將官派改為民選,改諮詢機關為議決機關。」與蔡培火、楊肇嘉聯手致力於推動地方自治改革運動的蔡式穀,一八八四年生,新竹市人,國語學校師範科畢業,任新竹公學校訓導、桃園公學校教導;後來負笈日本,考進明治大學專門部法科,一九一三年畢業,是台灣辯護士協會理事。

蔡式穀是日治時期檢定合格的律師,也是一位全程參與二〇年代台灣民族運動的要角。他從小學教師的崗位跳躍到律師界,進而跨足於台灣的政治、社會運動,豐碩的學養,更使他成為台灣民間法學界的重鎮。

蔡式穀留學時期,即與林呈祿、王敏川、鄭松筠、吳三連成為東京台灣學生的意見領袖,新民會成立時,與黃呈聰擔任幹事。文化協會成立後,他是理事也是台北支部主任,任內舉辦各種講習會,其中,由他主講的「通俗法律講習會」,被認為講演內

蔡式穀（圖片來源：《台灣人士鑑》）

容「諷刺台灣總督府之施政是壓迫本島人」而被當局所禁止。

一九二三年，蔡式穀與連溫卿、蔣渭水、石煥長、謝文達成立了「社會問題研究會」，掀起島內青年熱衷社會主義的風潮。這一年，台灣議會期成同盟成立，當局以違反治安警察法為由，全面逮捕社會運動成員，身為同盟理事

1926.8.26.~30.，二林事件第一回公判。事件起於李應章（坐者右4）引領蔗農與製糖會社抗爭，結果93人被檢束，其中43人被送審，鄭松筠（坐者右6）、蔡式穀（右上）及四名日籍律師麻生久（坐者右8）等為之辯護。（李玉華提供）

的他也被拘捕。然而，多次代表台灣民眾到東京請願設置台灣議會的蔡式穀，並不氣餒，始終堅持地方自治的「議會路線」。因此，一九二八年，他代表民眾黨向上山滿之進總督要求「真正的自治」，並推動「地方自治制度」的改革運動、「秕政暴露運動」，進而在民眾黨內成立「自治促進會」，也因此受到蔣渭水一派的排斥、攻擊，乃向蔣渭水提出忠告：「為此反使民眾黨之基本地盤產生裂痕的話，是令人遺憾的。」卻也無法扭轉民眾黨重蹈文化協會左右分流的覆轍。

蔡式穀（林柏維提供）

一九三〇年，在蔡式穀、楊肇嘉、蔡培火的策劃下，台灣地方自治聯盟宣告成立。一九三五年，台灣史上首次的選舉，蔡式穀以最高票當選台北市協議會議員。

台灣民黨、台灣民眾黨結黨大會，皆擔任會議主席的蔡式穀，也是分裂後地方反治聯盟本部直屬事務局主任，並兼任理事長。然而在一九三五年地方制度改正時，聯盟內部卻形成解散與否的

爭執，蔡式穀主張保留以為選舉的輔助機構，受到葉榮鐘的反對，自治聯盟終於走向自我解散的命運。

終戰後，蔡式穀任職省通志館、台灣省文獻會，未幾去世。

優秀的台籍菁英，在戰後紛紛被納編到文獻會養老，不禁令人唏噓；蔡式穀堅持議會路線的政治理念，應不全是止於地方自治，他的政治理念其實很清楚，此可從蔡式穀對自治聯盟「黨」應予存續的堅持，觀察得到。

1994.7.25.《自由時報》副刊

【參考書目】

1.《蔡式穀行跡錄》，新竹市文化局，1998.。
2. 宮川次郎《台灣の社會運動》，台北：台灣實業社營業所，1929.10.。
3.《台灣民報》。

韓石泉

大丈夫不為良相為良醫──忘為子孫謀的醫師

對瘧疾、亞米巴赤痢有專精研究的前台南醫院院長明石真隆，曾賦詩：「良醫為國憂，忘為子孫謀，陋屋堆書裡，慨然論五洲。」贈與韓石泉，指出了韓石泉的胸襟與抱負。醫學博士韓石泉造福桑梓社稷的心志是一貫的，從他立志學醫到參與政治活動、改風易俗，他無所求，所求者：「尤期望於後代者，不在其蓄積財富，不在其享受厚祿，僅望其能在學術靈性道德上，有相當高尚之成就，藉以貢獻人群。」

台灣民眾黨台南支部主幹韓石泉，生於一八九七年，台南市人。父親韓子星是前清秀才，曾在台南市天壇設立私塾「尚志齋書房」，當局以有礙日文教育為由，強迫遷離。韓石泉七歲進私塾「重慶寺」，八歲進設於孔廟內的台南第一公學校，一九一一年畢業，因家道中落，遂應徵台南廳財務課，當工友。

一九一三年，韓石泉應試台灣總督府醫

學校，口試時，主考官吉田坦藏詢以報考動機，他以庭訓：范仲淹所謂之「大丈夫不為良相當為良醫」以對。帶著母親用玻璃瓶裝著的「台南的水和土」，負笈台北的韓石泉，苦讀向學，最是景仰翁俊明、蔣渭水、杜聰明三位學長的丰采。二年級時遭失怙之痛，竟然借貸無門，求之父執，頻遭拒絕，對人情冷暖感慨良多，韓石泉濟弱扶傾的性格，根源於此。三年級時為抗議販賣部的專斷與暴利，發動「同盟罷買」，與舍監瀧野（兼史地教師）兩相對立，險遭退學，幸校長堀內次雄愛才，才能在一九一八年以第一名成績畢業（第十七屆）。

畢業後，韓石泉進入日本赤十字社台灣支部醫院內科，就教於內科權威吉田坦藏、小島鼎二，絜下內科方面精湛的醫療技術。一九一九年，轉職台南醫院，仍為內科醫師，與同事外科醫師王受祿、黃金火因民族的認同意識結為知己。

一九二二年，韓石泉辭台南醫院

韓石泉
（圖片來源：《台灣人士鑑》）

職，與黃金火一齊開設共和醫院，並加入文化協會，參與台灣議會設置請願運動，成為二十年代民族運動的要角。

行醫也濟世的韓石泉，從文化協會成立起即擔任理事，在蔡培火的領導下，與王受祿是文化協會台南支部的主力。一九二三年「治警事件」發生，他與蔡培火、陳逢源、吳海水被押解至台北監獄，預審終結雖獲判無罪，卻也已坐了兩個半月的牢，歷劫歸來，受到民眾鳴放爆竹的英雄式歡迎。

治警事件後，韓石泉依然無畏地投入啟蒙的社會運動，台南支部每週日辦一次通俗講演，韓石泉時常矗立街頭，演講：解放運動的路、專制政治下的台灣、台灣社會改造觀等講題，博得民眾的喝采；尤有甚者，日間診療結束後，強忍與莊綉鸞的愛戀，夜宿文化協會的讀報社。為啟迪民智，韓石泉不眠不休，一九二五年，他辦「台南政談演說會」，宣揚議會政治，次年，與黃金火、王受祿、林占鰲、莊松林、盧丙丁等三十餘人，成立「台南文化劇團」，推動新劇運動，希望藉由話劇的推展，收得文化啟蒙的成效。

一九二七年的台灣，社會運動左右分流，在「走向實際運動」的雰圍中，右派在蔣渭水、蔡培火的合作下，成立了台灣民眾黨，韓石泉無所懼於特高警察的跟監，被選為中央委員，繼王受祿之後，接掌台南文化劇團。韓石泉對社會運動無事不與，兼及醫務的繁忙，韓石泉付出了極大的代價：束手無策於長男良哲罹患肺炎的夭折（一九二九年，僅一歲餘）。對生與死，韓石泉因而有了新的體悟，他寫《由死滅到新生》以示誌念亡兒，他也因此「深入宗教的道路，一個人何以死亡？何以復生？祇有信仰基督。」「由於一個良哲的死，

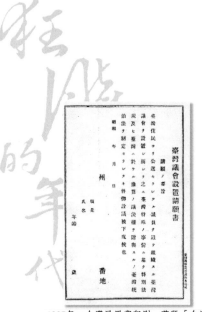

1927年，台灣民眾黨印刷一萬張「台灣議會設置請願書」供民眾簽署。（圖片來源：《韓石泉逝世三週年專輯》）

我們更發現了無數個受苦而垂危的良哲。」

一九二八年三月，韓石泉獨力經營韓內科醫院，開專科醫院的先風，由於韓石泉悲天憫人的胸懷，自忖：「年富氣壯，奮不顧身，以致病人蝟集，每天門診不下百餘人。」、「不分晝夜，唯診療是務。以致自患胃潰瘍，時常出血，短者半個月，長者一個月以上。」

1929. 4. 22.，由蔡培火（三排左7，8.9.是王受祿、韓石泉）創辦的台灣白話字第一回研究會，舉行結業式，此研究會一回三期，每期二週，所謂「台灣話白話字」就是把台灣話用羅馬拼音的方式書寫出來，易學易懂。（圖片來源：韓石泉《六十回憶》）

近代台灣社會菁英群像

這種人溺己溺，人飢己飢的心腸，蔡培火說他：「忠誠勤謹，對待病人親切週到，時予貧困病家減費免費治療，因此醫業興盛，廣得一般信用，遂成為台灣南部之名醫。」並博得「台灣醫學士」的美譽。

　　長男的夭折及一九三一年台灣民眾黨的被迫解散，使韓石泉頓失生活的重心。有感於台灣的醫學教育是「變型無軌道速成式教育」，遂決意赴日深造，適巧明石真隆時為熊本醫科大學教授兼校長，韓石泉乃於一九三五年「舉家留學」。豈料明石因派閥爭鬥而離職，韓石泉不得不從內科研究轉向生物化學，惡逸好勞的他，為了研究每致廢寢忘食，每每導致舊疾復發，同學稱他為「不知倦怠之人」，一九四〇年，韓石泉的論文（脾臟燐脂質的研究）審核通過，台灣醫學士成為醫學博士。

　　學成歸台，韓石泉仍於舊址懸壺濟世，不幸的是，終戰那年三月，盟軍空襲台南，醫院遭炸毀，長女淑英慘死炮火之下，這樣的殘局，如何收拾？

1930. 10. 27., 台灣民眾黨台南支部在民眾講座（設於武廟）舉辦政談講演會的宣傳單。（圖片來源：《韓石泉逝世三週年專輯》）

終戰後，韓石泉受聘為自治宣導員及國民黨台南市黨部指導員，協助國民政府綏撫戰後時局，譽之所在，謗亦隨之，備嘗艱辛，一九四五年，參選市參議員雖然落敗，卻反而當選省參議員，也是台南市唯一的省參議員，甫開議即捲入議長選舉的是非中，由於立場偏向黃朝琴，因此受到林獻堂支持者的詰問與非難。

二二八事件的發生，韓石泉認為這是一種「爆發性、衝動性、煽惑性、普遍性、強迫性的社會精神異常暴躁症。」台南市的騷動自屬難免，在市長卓高煊的請託下，韓石泉出面安輯亂象，向聚集的群眾說明事件處理之四大原則，即：「一、不擴大；二、不流血；三、不否認現有行政機構；四、政治問題用政治方法解決。」

三月五日，二二八處理委員會台南市分會成立，韓石泉被推舉為主任委員，與黃百祿、侯全成、李國澤等人力顧全大局，使台南市的犧牲減至最低，卻也因之毀譽參半，並使其在國大代表

韓石泉
（圖片來源：《台灣人士鑑》）

的選舉中，飽受污蔑而落敗。

二二八這一社會精神異常的暴燥症，令診斷政治的韓醫師納悶的是：「應負擴大事變之重大責任者，事後反躍登高位，余不知其所以然也。」他的好友蔡培火說：「他一切公職不只無意爭取，即有人勸其出任公職亦皆辭謝而不求聞達，此事由韓為人之本性而言，可謂反常亦可謂一百八十度之轉變。」態度的轉向未必都是主觀的，客觀的局勢使韓石泉在褪下參議員職務後，全心全力於診療室，一如早期的台灣政治菁英，失去了他們的舞台。

韓石泉
（圖片來源：《台灣省地方自治誌要》）

韓石泉赴日留學時，同學曾慫恿他改名以迎合皇民化，他答以「清泉石上流」正符其名，無需改名。從政界逐漸淡去的他，猶如水流，石床更易，政權移轉，竟也人事全非，戰後，兼任台灣紅十字會台南市分會會長、私立光華女中校長及董事長、痲瘋療養院董事長等職。

一九六三年六月三十日，石上清泉停止了流動，韓石泉以腦溢血告別了他

的一生。

　　不愧為大丈夫，不愧為良醫，在台灣這塊土地上，從事社會運動，耕耘反對運動、民主政治，是無怨也無悔；韓石泉診治的不只是病患的病痛，他也醫療社會的陳痾。從文化協會到民眾黨，跳躍到省參議員，他活躍於府城，他不是全國性的社會運動家、政治家，他紮實地關懷台南的民瘼，一如他專業於他的內科領域。

1994.2.8.《自由時報》副刊

重新改寫成本文，《醫望》期 3，p29-33，1994.8.

【參考書目】

　1.〈昔日台灣社會中傑出的醫師〉，《八十年代》，卷 1 期 6，頁 77-83，1979.11.。

　2. 韓石泉《六十回憶》，台南：作者印行，1956.11.。

　3. 韓石泉先生逝世三周年紀念專輯編印委員會編《韓石泉先生逝世三周年紀念專輯》，台南市：同編委員會印行，1966.10.。

王受祿

醫學博士的告白──台灣第一位德國博士

王受祿是一九二〇年代台灣菁英中的菁英,他赴德留學,開台人進修歐美之先河;他以博士之尊開業診療,建醫師無計名利之典範;他投身社會運動、政治運動,發揚醫師濟民拯世的美德;他悲天憫人,轉換角色於傳教事業。從崇高的政治生命巔峰到甘於沉寂的佈道生涯,王受祿是醫師,是社會運動者,是政治家,也是宗教家。

台灣第一位德國博士:王受祿,一八九三年一月十七日,生於台南市,是王鐘山的次子。就讀台灣總督府醫學校期間,對德文用功甚勤,尤有心得,已博得「秀才」的美譽。一九一二年,以第一名成績畢業,隨即擔任台南醫院醫官補,為外科醫師,診療之餘,潛心研究,醫術精湛,口碑甚佳。一九一七年,與黃國棟合營回生醫院。

一九二四年,王受祿赴德國扶來母堡魯茲大學研究,一九二五年二月,完成論文《外科臨床解剖判斷肺結核診治方法》,取

王受祿
（圖片來源：《台灣人士鑑》）

得醫學博士學位，是為繼杜聰明之後，台灣第二個博士。

一九二五年四月，王受祿回到故鄉後，再度投入文化協會的啟蒙運動，指陳「台灣是世界的台灣」，鼓吹由林獻堂主導的「台灣議會設置請願運動」。一九二六年，與盧丙丁等三十餘人組成「台南文化劇團」，推動戲劇改革，使啟蒙運動更見成效。

一九二七年，社會運動左右分流。

1928. 7. 15.，台灣民眾黨第二次黨員代表大會在台南南座舉行，由王受祿、韓石泉（議長席中、左）主持，司儀盧丙丁（司會），主幹彭華英、政務部王鐘麟、社會部洪元煌、財政部蔣渭水工作報告。（圖片來源：韓石泉《六十回憶》）

膺任台灣民眾黨中央常任委員兼理財政部、台南支部主幹，認為「台灣人應跑的路，是在民族運動的一條而已。」積極促成台灣工友總聯盟台南區、工友會，店員會、安平勞工會、赤崁勞動青年會、安平讀書會等外圍組織的加盟、成立；為照拂勞動階級，王受祿洽妥共和、遠生、再生堂、壽生及回生等醫院，對工友會會員減價診療。

1931.8.9.，蔡培火與王受祿、韓石泉（右起）這三位文化協會台南支部的鐵三角，擬組慈善團體「新生堂」財團時的合照。（圖片來源：韓石泉《六十回憶》）

　　一九二八年底，第十回台灣議會設置請願運動，王受祿再次被選為委員，與王鐘麟、呂靈石於次年赴東京，向日本帝國議會請願，要求立法設置台灣議會。

　　一九二九年夏天，王受祿失去了他的長子，民眾黨黨爭也日趨惡化，一九三〇年二月十一日，在台南公會堂基督教所辦的講演會中，王受祿發表「信仰告白式」，正式告別他的政治舞台，把他生命的第二春，無私無我的交給上帝，終生傳佈福音，直至一九七七年九月九日蒙主恩召。

　　無獨有偶的，台灣民眾黨台南支部

前後任主幹：王受祿與韓石泉，他們這對革命同志，皆轉化為基督的子民。文化協會、民眾黨台南鐵三角從而分出不同的走向，蔡培火是政界的常青樹；韓石泉赴日進修，戰後短暫復出，終歸重拾聽診器；唯獨王受祿從此沉潛，以傳佈基督福音為終生職志。

原題〈把台灣當作世界的台灣—日爾曼醫學博士：王受祿〉，原刊《醫望雜誌》期 6，p39-43，1995.1，本文依原文加以刪修。

【參考書目】

1. 韓石泉《六十回憶》，台南：作者印行，1956.11.。
2. 韓石泉先生逝世三周年紀念專輯編印委員會編《韓石泉先生逝世三周年紀念專輯》，台南市：同編委員會印行，1966.10.。

陳炘

歡呼聲裡入新牢——本土金融業的開基者

留學美國哥倫比亞大學的財經專家陳炘，一八九三年生於台中，為大地主陳鳳的四男，大甲公學校畢業後，考入總督府國語學校（台北師範），學業完成，回母校任教，旋即赴日，考進慶應大學理財科。一九二八年繼林茂生、蔡式穀之後，擔任台灣青年會會長，重振青年會活力，促成蔡惠如在一九二〇年組織新民會，興起台灣社會運動的風潮。

一九二二年，陳炘畢業歸台，與謝綺蘭（謝國城的胞姊）結婚，次年，赴美，入愛荷華吉奈爾學院一學期，被稱為「東京來的紳士」；後，轉學哥倫比亞大學經濟系，參加中國學生會。一九二五年，學成返台，隨即投入台灣的民族運動，擔任文化協會第二回夏季學校的經濟學講師。

為謀求台灣本島民族經濟的免於被壟斷及民族資本的發達，陳炘積極籌備「大東信託株式會社」，於一九二六年成立，林獻

陳炘
（圖片來源：《台灣人士鑑》）

堂任社長，陳炘為專務取締役（總經理）；在他的努力下，這一本土資本的「唯一之信託機關」，業務蒸蒸日上，自然受到日系資本家的排擠，終於在一九四四年，被迫與其他信託業者合併為「台灣信託」，陳炘雖仍任總經理，多數股份則已被總督府直轄的台灣銀行所掌控。

在民族運動的路途上，陳炘從未缺席，他參與民眾黨和台灣自治聯盟

1926.12.30.，大東信託株式會社在台中成立。社長林獻堂，副社長吳子瑜，專務取締役（總經理）陳炘，取締役（董事）有林階堂、林瑞騰（前排右起5.6.4.7.8.）等人。（圖片來源：《林獻堂先生紀念集》）

1927.9.25.，台灣民眾黨台中支部成立，前排左起，4.5.6.11.12.：蔣渭水、洪元煌、葉清耀、謝春木、陳逢源，二排左5陳炘。（林柏維提供）

的籌組，一九三二年，代表「台灣米穀輸入限制反對同盟會」赴日請願，一九三三年，與中部同志組織東亞光榮協會，為弭止日本與中國的戰爭而努力。

由於長期的耕耘，奠下了陳炘在社會上堅實的領導地位，因而與林獻堂等人，被迫擔任皇民奉公會中央本部委員，導致戰後被誤解為「御用紳士」、「台奸」，為民族利益奮戰不懈的陳炘，他內心的苦鬱可想而知。

一九四五年，為迎接「祖國」的到來，陳炘發起「歡迎國民政府籌備會」，豈料，竟被陳儀拘捕下獄，成為祖國的「戰犯」，面對這一諷刺情境，不禁喟嘆：「平生暗淚故山河，光復如今感慨多；一籲

陳炘
（圖片來源：《二二八消失的台灣菁英》）

三戶齊奮起，歡呼聲裡入新牢。」

一九四六年，陳炘創辦大公企業公司，積極推動本土實業，年底奉命擔任台灣信託公司籌備處主任，正要大展長才之時，卻罹難於二二八事件，被捕理由：「沒有」。而他一生所投注的事業：台灣信託則在陳逢源主導下，被併入華南銀行。

一生投注心血於台灣經濟的自主，歡欣「祖國」的來到，乃至組團赴中國謁陵、謁蔣，換來的卻是二二八下的死於非命，多少死難於二二八或被繫獄的戰後台灣菁英，他們的心是何其「祖國」，而所謂之祖國給予他們的溫暖竟是死亡和凌虐。

做為本土金融的開拓者，陳炘學以致用，不畏淫威。做為民族運動的財金尖兵，他勇往直前，擔負起殖民經濟下本土資本的衛護重責，他無愧大任。惜，菁英死於非命，實為台灣最大的損失。

1993.10.5.《自由時報》副刊

【參考書目】

1. 李筱峰〈死於非命的本土金融業先驅〉，《台灣近代名人誌》，冊3，頁143-168，台北：自立，1987.12.。

2. 葉榮鐘〈文化運動的回憶〉，《春風》，卷1期1，1979.11.。

3. 葉榮鐘〈葉榮鐘先生回憶錄〉，《文季》，期3，1983.8.。

楊金虎在台灣的地方政治史上，是鄉野傳奇式的好漢，「上醫醫國，下醫醫人」是楊金虎生涯規劃的警語，「經常開會多於應診，本業變成副業。」學醫濟世、活人無數，良好的口碑奠下了他良好的群眾基礎。他投身社會運動、政治運動，無悔繫獄；他心懷祖國，卻被囚於二二八；他義助鄉親友朋，反遭逢破產宣告；他收拾高雄合會殘局，竟成代罪羔羊；他涉嫌賣官鬻職，身陷囹圄，一生與牢獄結緣。

楊金虎，原名耀田，字西岩，號宗勳（嘯山），一八九八年十月七日，生於台南縣歸仁鄉八甲村。父親楊仁和，務農兼行中醫，楊金虎在鄉紳家庭中成長，卻遲至十歲始就讀關廟公學校，十五歲，剪掉清朝時代的辮子，一九一三年，考進台南市第二公學校實業科，一九一五年，以榜首之姿進入台灣總督府醫學校。

一九二〇年，自醫學專門學校畢業，在

楊金虎
（圖片來源：《台灣人士鑑》）

1927.10.24.，台灣民眾黨高雄支部成立，前排右起4.5.6.：楊金虎、蔡培火、謝春木。（圖片來源：楊金虎《七十回憶》）

赤十字社、台南病院實習，旋返鄉至湖內鄉圍子內懸壺行醫。次年，與林玉華結婚，回歸仁與二兄合開仁和醫院，因勞瘁過度住院療養一年。一九二三年，移居關廟，任職台灣公醫，體會公醫萬能的生涯。

一九二五年，隨「高雄州青果組合」遊歷中國、朝鮮，並滯留日本，插班考入日本醫學專門學校，取得醫專文憑，續於東京帝大、稻田內科、和橋病院產婦人科，從事臨床研究。一九二七年，回台，接受高雄士紳林迦的邀約，移居高雄，創設仁和醫院，展開了他虎據高雄的新頁。

二〇年代社會運動風潮勃興，楊金虎也投入了這波洪流，加入文化協會、被選為台灣民眾黨高雄支部常務委員，協助黃賜等組高雄機械工友會，掀起淺野水泥大罷工、台灣鐵工所大罷工的風潮，終於遭受日警當局懲處停業一個月。

一九三五年末，市街庄議會選舉，楊金虎當選高雄市議員。終戰後，楊金

虎抱持滿腔熱忱,擔任三民主義青年團幹事,加入中國民主社會黨。

二二八事起,與長子超雄遭高雄要塞司令彭孟緝逮捕繫獄,仍於是年當選首屆國民代表。奈何,好景不常,一九四八年,因高雄合會擠兌倒閉事件,被保安司令部羈押,身陷囹圄四百天。

劫後歸來,家徒四壁,楊金虎重拾聽診器,於一九五一年,回歸醫師本職,卻仍難以忘懷政治,投入高雄市長選戰,三選三敗,終於在一九六八年四月,得償宿願,以七十高齡當選第六屆高雄市長。豈料,喪妻之後再譜戀曲,與陳彩鳳結婚,虎鳳風波喧騰全台,甫卸任即爆發鬻官賣爵案,輿論譁然,訟案纏身,落得以老年寂寞收場。於一九九〇年七月十二日,蒙主恩召。

楊金虎一生雖轉折多厄,卻也流露出「回也,一簞筍,一瓢飲,不改其志。」的精神。從文化協會到民眾黨及戰後之民主社會黨,楊金虎的反抗強權的政治理念是一貫的,參選之毅力,更

楊金虎
(圖片來源:楊金虎《七十回憶》)

楊金虎
(圖片來源:楊金虎《七十回憶》)

是異於常人，醫民也醫國，是近代台灣社會醫生參政的典範。

原題〈人生七十才開始──上山下山高雄虎：楊金虎〉

原刊《醫望雜誌》期 7，p37-41，1995.4，本文依原文加以刪修。

【參考書目】

1.〈楊金虎先生生平〉《國史館現藏民國人物傳記史料彙編》第 9 輯，頁 379 -381。

2. 葉志剛《楊金虎的人生》，台北：將軍，1973.10.。

輯二

左翼路線

一九二○年代台灣社會運動左右分流的關鍵人：連溫卿，本名連嘴，一八九五年四月，生於台北大稻埕。他主導了台灣文化協會的分裂，是階級運動的開拓者。

公學校畢業的他，十八歲時，加入兒玉四郎倡導的「世界語運動」（簡稱ESP），與蘇碧輝成立「台灣ESP學會」，創辦《綠蔭》雜誌，致力於世界語的統一。

連溫卿長於組織、幕僚作業，一九二一年，參與文化協會的成立，他起草組織章程；一九二二年，與蔣渭水成立新台灣聯盟，他起草宣言；一九二三年，再與蔣渭水組織社會問題研究會，他起草旨趣書；一九二七年，文化協會改組後，他擬就新章程。連溫卿是社會主義的指導者，曾協助台北青年會的成立，促成台灣無產青年的崛起，喚起農工群眾的普遍覺醒。

一九二四年，透過山口小靜的引介，受知於日本社會主義大師山川均，思想為之發

連溫卿（林柏維提供）

酵，成為山川主義在台的代言人，大力傳播社會民主主義，進而積極介入文化協會的權力運作。由於文化啟蒙的勃興及世界思潮的傳入，社會菁英要求「走向實際運動」的呼聲日高，連溫卿藉由修改章程的機運，主控了一九二七年的文化協會，成為新領導人，豈料蔣渭水、蔡培火等舊幹部，大批退出，另

1921. 10. 17.，台灣文化協會在台北靜修女子學校成立，會員共有1032人，公推林獻堂（坐右4）為總理，蔣渭水（坐右5）為專務理事，選出41名理事、44名評議員，數日後在霧峰林家大花廳召開理事會會議，與會者有：蔡培火、陳虛谷、丁瑞圖、林資彬、林幼春、王敏川、鄭汝南、陳逢源、賴和、謝春木（站者左起1. 2. 7. 8. 9. 10. 11. 13. 14. 15.）及洪元煌、連溫卿（坐者左起1. 5.）等人。（林柏維提供）

組民眾黨，造成左右兩派分庭抗禮的局面。

連溫卿在〈一九二七年的台灣〉宣言中指出：「社會運動的階段發展，以解放最大多數的台灣無產階級為目的。」指導農民運動，成立台灣機械工聯合會，企圖並聯農工運動，掀起台灣各階層相繼抗爭的高潮。

一九二九年，文化協會大會在「上海大學派」的主導下，文化協會再向左轉，連溫卿的改良路線被批鬥，和楊逵一起被開除會籍，嚐到「歷史重演」的

連溫卿撰寫的〈一九二七年的台灣〉，被抄錄於《台灣總督府警察沿革誌》，頁203-204。（林柏維提供）

1927. 1. 3.，文化協會左右分裂，右派退出後，新領袖是連溫卿，（立者右起）林碧梧、林冬桂、（坐者右起）鄭明祿、王敏川、劉素蘭是幹部，把文化運動的方向改為大眾運動。（圖片來源：賴和文教基金會）

惡果，也劃下了他從事政治運動的休止符。

　　社會主義道路的分歧，使得連溫卿被迫提早退場，也使他免於更多的災難，平安度過戰後風雨飄搖的日子；連溫卿的後半生，是在民俗研究的路上寂寞地度過。這位幾乎被遺忘的歷史人物，於一九五七年棄世，只留下一部為社會主義者做見證的巨著：《台灣政治運動史》。

1993.7.27.《自由時報》副刊

【參考書目】

1. 宮川次郎《台灣の社會運動》，台北：台灣實業界社營業所，1929.10.。

2. 彰生〈日據時期台灣的社會民主主義者──連溫卿（1895～1957）〉，《夏潮論壇》，卷1期3，1983.4.。

3. 連溫卿〈台灣文化協會的發軔──台灣政治、文化、社會運動第一頁〉，《台北文物》，卷2期3，1953.11.。

4. 連溫卿〈台灣文化的特質〉，《台北文物》，卷3期2，1954.8.。

5. 謝春木（南光）《台灣人の要求》，台北：台灣新民報社，1931.1.。

文化協會最後一任中央委員長王敏川，一八八九年，生於彰化市。幼年受父親王延陵薰陶，飽讀漢籍，一九〇九年，自國語學校（師範學校）畢業後，回母校彰化公學校執教，一九一九年，負笈東京，進早稻田大學政治經濟科，一九二〇年，與東京台灣留學生在蔡惠如的號召下組織新民會，籌辦《台灣青年》，成為民族運動的文化尖兵，是《台灣民報》的主筆健將。

一九二二年，大學畢業，王敏川回台參與文化協會的社會運動，擔任理事，一九二三年，和蔣渭水、連溫卿籌組台北青年會，並開始研究社會主義、共產主義，文化協會左派的雛形，在他的影響下已隱然建立，是年，復與黃呈聰巡迴南北各地，進行文化講演、大力推銷《台灣民報》，並為文肯定台灣議會設置請願運動，且積極投入，年底，即遭日警逮捕下獄，獄中為詩：「人生求學終何用，祇在修身與濟

年輕時的王敏川
（李篤恭提供）

王敏川
（圖片來源：《台灣人士鑑》）

林篤勳所有之正義章，由文化協會彰化地
區成員製作，敬送因治警事件被捕的同志。
（李篤恭提供）

1922年4月中，《臺灣》創刊時，蔡培火回台設
立台灣（台北）支局於台北市太平町三町目二
八番地，即蔣渭水的大安醫院，《臺灣民報》
開始與文化協會「合署辦公」。此照是一九二
五年時民報本社與支局人員的紀念照，左5為王
敏川。（圖片來源：《台灣民報》）

時。」在這一治警事件裡，與文化協會
幹部共十八人被提起公訴，王敏川獲判
無罪。

　　伴隨著文化協會的篷勃發展，以
及國際上社會主義思潮的洶湧，民族運
動的路線之爭，也在文化協會內部引
爆，一九二七年一月，文化協會分裂，
林獻堂、蔣渭水、蔡培火等舊幹部，
退出另組民眾黨，連溫卿掌控了新文
化協會，王敏川任組織部主任。由於失
去《台灣民報》的支持，一九二八年，
王敏川另行創刊《大眾時報》，做為
文化協會的機關報；是年文化協會與民
眾黨聯手反對當局廢棄台南墓地改建運

動場，引發當局大逮捕，王敏川再度入
獄。

　　一九二九年，王敏川坐獄九個月
後，在上海大學派的支持下，召開文化
協會第三次大會，開除非上大派的連溫
卿，台灣共產黨成員雖於此時掌控了文
化協會，企圖透過農民組合要求解散文
化協會，以發展無產階級運動，由於王
敏川仍堅持文化協會應是小市民的大眾
團體，文化協會不致解體。

　　一九三一年，王敏川被選為文化協
會的中央委員長，文化協會並決議支持
台灣共產黨，此舉無疑超越了統治者的

1929. 9. 26.，文化協會全島巡迴講演南隊在王敏
川（中坐）的率領下，到竹山分部講演，受到分
部長張庚申（後左1）的歡迎，由於當局對講演會
的不斷打壓，文化協會的活力也日漸式微，從此
張照片就能嗅出文化協會盛況不再的氣習。（圖
片來源：賴和文教基金會）

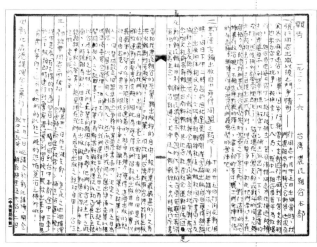

1930. 11. 6.，台灣文化協會指導下
的台灣農民組合，本部的工作報
告。（林柏維提供）

容忍限度，日方旋於是年六月，大逮捕台共成員，文化協會則以組織赤色救援會來反制，事端擴大，王敏川因參與其事，而於年底被捕，判刑四年，三度入獄，文化協會也形同瓦解。

及王敏川出獄，時局已轉到自治聯盟解散、中日戰爭爆發之局，台灣的民族運動等同煙消瓦解，一九四二年，王敏川黯然離開人世。

反對色彩強烈的王敏川，在日治時期的社會運動中是個異數。王敏川一直堅守文化協會的陣營，做為現代知識份子，他為啟蒙運動付出一生心血，為民族的解放而努力。他傾向社會主義，但試圖調和無產階級運動，他為抗日而入獄，他非台共成員卻因台共而成為階下囚，同為民族運動領袖卻與他分道揚鑣的蔣渭水說他：「官飯不食，紳士不為，大丈夫為民請命之所為也。」

1993.11.9.《自由時報》副刊

【參考書目】

1. 葉榮鐘《台灣民族運動史》，台北：自立，1982。
2. 楊碧川〈王敏川〉，《暖流》，卷一期三，頁22-24，1982.3.。
3. □□□《台灣共產黨史》，調查局。
4. 宮川次郎《台灣の社會運動》，台北：台灣實業界社營業所，1929.10.。

李應章

一棹春風好避秦——台灣農民運動的先鋒

台灣文化協會在一九二〇年代掀起的社會運動，雖在一九二三年底受到統治當局以治警事件強力打壓，然而文化協會的領導階層並未因此而受挫，李應章把文化講演的熱潮引進到農村，以實踐替代理論，把對農民的悲憫與同情化成抗爭的力量，團結起弱勢者，蔚為反剝削的力量；李應章所創立的二林蔗農組合，不僅是文化協會開拓城鄉社會運動資源的啟始，無疑的，也是台灣農民運動的先發部隊。

一九三二年，正是統治當局全面緊縮政治活動空間的時期，李應章離開了台灣，開始他赤色中國的悲歡歲月。做為醫師，做為社會運動家，做為政治家，李應章都交出了傑出的成績單。

台灣農民運動的先驅：李應章，一八九七年十月八日，生於彰化縣二林鎮。由於他的父親是無照中醫師，常被警察故意刁難，所以李應章很早就「萌發了反抗日

一九三二年李應章渡海中國，此幀應是這年之前的標準照。（李玉華提供）

本的思想」。一九〇三年，進私塾讀漢文。一九〇五年，入二林公學校，與謝悅（謝春木〔南光〕之兄）、蔡淵騰（其子蔡慶榮〔子民〕為李之婿）結拜，一九一一年畢業後，先在父親的中藥鋪當學徒，繼於一九一四年，就讀彰化公學校商業實業科，次年，西來庵事件發生，時二年級的李應章在作文課上寫「嗚呼慘矣哉」短文，遭校長訓斥罰站；這時，喜愛舊詩詞的他還與同學組「藝吟社」，相互切磋。

一九一六年，勤學的李應章考進台灣總督府醫學校，任班長，組織弘道會，與同學們閱讀《新青年》，關心中國的五四運動。是以當一九二〇年十一月，謝文達返台做「鄉里飛行訪問」時，李應章與吳海水、林麗明、何禮棟、謝春木、盧丙丁等醫專和師範的學生，遂藉歡迎會的名義，在醫學專門學校大講堂召開本島人學生大會，進而鼓動學長蔣渭水出面組織團體：「全台灣青年會」，以與東京台灣留學生的「台灣青年會」相輝映。

一九二一年三月，李應章自總督府醫學專門學校畢業，進入赤十字社醫院熱帶科研究，十月十七日，李應章等人終於促成台灣文化協會的成立，搖起了二〇年代文化啟蒙運動的大纛，李應章被選為理事。次年，為助長台灣議會設置請願運動的「新台灣聯盟」及其後之「台灣議會期成同盟會」，相繼遭禁，並導致當局在一九二三年十二月，藉口議會運動違反治安警察法，全島大逮捕文化協會的重要成員（此即治警事件），李應章因皆參與其事，也被拘留三天。

時間是早上七點四十五，保安醫院的李應章醫師已在看診。（李玉華提供）

一九二二年，李應章返鄉在自宅開設保安醫院，以其醫術博得鄉里的敬重，醫療業務增多，後來他興建起華麗的醫館，備有機車、汽車以為出診工具，這在當時的台灣實為異數。

然而，在診療的歲月裡，李應章直接接觸到在日本帝國主義下被剝削的農民，他們的貧困與無助，他們的悲哀與喪痛，使李應章體認到須啟發農民智識，始能解脫農民的桎梏，要與殖民經

李應章常以自備的先進交通工具，四出外診。（林柏維提供）

濟的宰制者抗爭，唯有組織的力量方能爭取農民的權益。

　　一九二四年六月，文化協會彰化支部成立，李應章首先提出農村問題的運動路線，雖未被採納，但是他卻以實際的行動開拓了文化協會紮根農村的大道。

　　一九二四年十二月，李應章開風氣之先，在二林成立農村講座，他與詹奕侯、劉崧甫、蔡淵騰、陳萬勤等文化協會會員，「鳩集地方的知識階級並有志，每週一回的討論和調查的報告，並每月一回的農民大會。」啟發民智，繼於一九二五年元旦，召開首次農民大會，李應章成為二林地區的農民領袖，代表農民向會社、總督府陳情：「甘蔗買收價格，不得不望其改善也，會社取搾取手段，對於各等買收價格，與一般物價相逆行。」要求製糖會社提高甘蔗買收價格，全無得到善意的回應。

　　農村啟蒙的成效，表現在：當林獻堂一行應邀在四月到二林講演時，農民們以大鼓吹、音樂隊、竹篙炮，如迎媽祖般歡迎講演辯士。這一驚人的發展，使二林蔗農組合很快地在六月廿八日成立，李應章被選為總理，劉崧甫、詹奕侯、蔡淵騰等則為理事，針對「耕作者無共秤權，又無監督權。刈葉之清節與否，皆由會社自己認定。買收價格，以一會社之私，擅自決定。」展開農民與資本家、無力者與有力者的抗爭。

　　一九二五年十月，台灣史上第一個農民組織：二林蔗農組合在李應章的領導下，開始與林本源製糖會社展開採收價格的談判，屢遭拒決，會社甚至片面決定：在廿一日強行刈取甘蔗。蔗組幹部則四處號召農民團結，強力抗爭，謂：「吾農民最可憫的死活問題在本日」。

次日，會社在警察持劍的護衛下強刈甘蔗，農民群呼：警察是會社的走狗，群情激忿的農民們在奪下兩名警察的佩劍後，知事態嚴重，遂四散逃逸。

十月廿三日，北斗郡役所如臨大敵般，調集數百名警察開赴二林，大逮捕李應章、劉崧甫、詹奕侯、蔡淵騰及農民等九十三人，嚴刑拷打後，將四十八人移送台中監獄（名曰：未決拘留），經預審後，被起訴者達三十九人，震驚全島，此即二林事件。

一九二六年八月廿六日，一審公判，日本勞動總同盟政治部長麻生久特地來台，為李應章等人辯護，九月三十日一審判決：繫獄中的李應章被判刑八個月。一九二七年三月廿三日，二審公判，被告共三十一人，日本勞動組合聯合會長布施辰治來台辯護，四月十三日，二審判決：李應章仍被判刑八個月。

三審前，李應章依然無畏於牢獄壓迫，會集蔗組幹部，在四月改組二林蔗農組合為二林農民組合，「吾們所爭的

1927.4.20.，二林事件後，李應章（右）、詹奕侯、劉崧甫等人於四月十日改二林組蔗農組合為二林農民組合，台灣農民組合中央委員長簡吉（左）特地前往聲援，繼續舉辦農村講演，李應章、簡吉在竹塘與農民會談，竟也被視為違法集會，被檢束、留置於北斗郡役所。（李玉華提供）

點：一、人格解放的要求，二、請減刻薄些的要求。」要與台灣農民組合，南北呼應。六月，台灣農民組合二林支部成立，李應章應聘為顧問。

二林事件是台灣農民運動的先聲，它鼓舞了台灣農民，鳳山、大甲、竹崎、曾文、虎尾等地的農民組合相率成立，繼而在簡吉、趙港等人的後續努力下，組成台灣農民組合。

一九二七年是台灣社會運動左右分流的一年，五月，李應章參與了台灣民黨的創立。七月，二林事件三審駁回，李應章入獄服刑，獄中打草鞋做苦役，卻折服不了他反日的意志：「朔風凜冽鐵窗寒，短袖紅衫一領單；幸得身如松與樹，凌霜傲雪不凋殘。」被禁止與家人面會通信，一九二八年一月十四日，刑期屆滿，當局為避免民眾以英雄式來迎接李應章，特以官用車直接送抵家門，及下車，竟是家園全非，父已逝、家屋為祝融所焚，李應章為社會運動付出了最大的犧牲。

一九二八年二月，李應章為父親料

1927.3.23.～25.，二林事件第二回公判，布施辰治來台辯護。（林柏維提供）

理葬事，由林幼春主持，全島三千餘人與會，輓聯竟也遭當局沒收。重整家園、重拾聽診器之餘，李應章依然站立在農民組合的講演台上，依然走在社會運動的不歸路。七月，他被選為台灣民眾黨的勞農委員。一九二九年十一月，被選為文化協會的中央委員。一九三〇年四月，李應章與詹奕侯、林伯廷、卓金水成立民眾黨北斗支部，並兼任北斗總工友會顧問。

一九三一年，總督府當局強力壓制社會運動，緊縮政治活動的空間，這一年，民眾黨被禁止，文化協會形同瓦解，李應章自然是列管有案，除被家宅搜索外更有被捕之虞。於是在一九三二年農曆春節（二月），逃亡至廈門，加入中國共產黨，為躲避國民黨的追捕，在一九三四年逃至上海，易名李偉光，經營偉光醫院，成為中共地下黨員。

一九四六年，李應章被選為上海台灣同鄉會會長，九月短暫回台，旋於次年，參與謝雪紅在香港成立的台灣民主自治同盟，擔任理事，國共內戰期間，負責掩護上海地區的中共黨員，因而在中共的權力網絡中建立了紮實的基礎。一九四九年，被選為政治協商會委員，擔任台灣民主自治同盟華東總支部主委，並與謝雪紅系統開始長期的宗派鬥爭，一九五四年，被選為中共人民代表大會代表，同年十月病逝。

1994.8.15.《自由時報》副刊

改寫為〈一棹春風好避秦──台灣農民運動的先鋒：李應章〉
發表於《醫望》期 8，p40-44，1995.6.

狂飆的年代

【參考書目】

1. 宮川次郎《台灣の農民運動》，台北：拓殖通信社支社，1927.12.。

2. 林柏維〈二林事件（1925）：日治時期台灣農民運動的發軔〉，《南台工商專校學報》期16，頁39-48，1992.10.。

3.〈李偉光自述〉，《台聲》，頁22-25，1986.8.。

4.〈李應章氏出獄〉，《台灣民報》，號192，頁8，1928.1.22.。

5.〈獄中感作〉，《台灣民報》，號85，頁15-16，1925.12.27.。

6.〈二林事件公判號〉，《台灣民報》，號122，1926.9.12.。

7.〈二林事件第二審公判號〉，《台灣民報》，號153，1927.4.17.。

8. 陳芳明《謝雪紅評傳》，頁556-557，台北：前衛，1991。

翁澤生

激進的左翼青年——台共內中共領導人

鮮為人知的，台共內中共派的領袖翁澤生，一九〇三年，生於台北大稻埕，太平公學校畢業後，於一九二一年渡海至廈門，就讀集美中學，一九二四年畢業，經常返台參加文化協會的活動，一九二三年，在太平公學校的同窗會上，堅持以台灣話演說，並主張「同窗會是台灣人同窗生的同窗會」，引起騷動，於是在蔣渭水、連溫卿、王敏川的支持下，成立了台北青年會、台北青年讀書會、台北無產青年會，是為孕育台灣左翼思想的搖籃。

一九二五年，翁澤生自廈門大學轉到中共創辦的上海大學社會系，成為瞿秋白的得意門生，同年成為中共黨員，並參加彭華英、蔡孝乾所組成的上海台灣學生聯合會。一九二七年，蔣介石上海清共，翁澤生結束在閩南的地下工作，回到上海領導學生聯合會，另外成立上海台灣讀書會，培育馬列主義的尖兵。這一年年底，林木順、謝雪紅自

莫斯科抵達上海，與翁澤生三人決定依照日本共產黨之「一九二七年綱領」，籌組台灣共產黨。

一九二八年四月十五日，台灣共產黨成立，林木順為秘書長，翁澤生與謝雪紅則為後補中央委員，翁澤生並受任為上海駐在員兼中共聯絡員，以及新文化協會之《大眾時報》的駐上海記者；豈料，日警於這時拘補讀書會成員，台共活動因而被迫停滯，謝雪紅在被押解回台後，於一九二九年成立國際書局，展開台共的更生運動。翁澤生避過一劫後，與林木順成立「上海青年反帝同盟」，任執行秘書，舉辦六一七紀念鬥爭大會，宣告「向日本帝國主義鬥爭」；隨後再組上海台灣青年團，翁澤生說明了成立的目的是：「以社會科學研究來提高他們對理論的掌握，喚起他們特別注意台灣問題，並加強其組織，一方面支援中國的革命運動，同時也以培養台灣的革命鬥士為目的。」進而發刊《青年戰士》報，積極運作多項反日的社會運動。

翁澤生（林柏維提供）

一九三〇年，翁澤生與潘欽信協議，派遣陳德興返台，傳達改革台共的指令給謝雪紅，主導了與謝雪紅對立之「台共改革同盟」（王萬得、蘇新、趙港為主要成員）的成立，謝雪紅指責他是：脫離實際運動的宗派運動者。無疑的，翁澤生人雖在上海，卻是台共內訌中，中共派的領袖。

翁澤生聲言：「唯有親身參加反帝戰線才能讓中國人民知道，吾等台灣青年並不是被罵為日本走狗的那一類台灣流民」，主張「對抗日本帝國主義而宣言台灣獨立」的翁澤生，終究難逃帝國主義的魔掌，在一九三一年，日方台共大檢舉的次年被補，一九三三年，被押解回台灣服刑，死於獄中。

台灣前途的奮鬥方向為何？翁澤生選擇的是另類的祖國：中共，做為台灣共產黨發起人，翁澤生與林木順有別於返台直接活動的謝雪紅，他以上海為舞台，擔綱台共與中共的橋樑，扮演催化台灣本島共產主義思想的角色。

1994.8.8.《自由時報》副刊

翁澤生主導的台北青年會，在1925年9月舉辦大講演會，圖為《台灣民報》的新聞登錄。
（圖片來源：《台灣民報》）

狂飆的年代

【參考書目】

1. 章子惠《台灣時人誌》，台北：1947.3.。

2. □□□《台灣共產黨史》，調查局。

3. 陳芳明《謝雪紅評傳》，台北：前衛，1991。

4. 盧修一《日據時代台灣共產黨史》，台北：前衛，1990。

5. 簡炯仁《臺灣共產主義運動史》，台北：前衛，1997。

二二八事件前，擔任《人民導報》總編輯的老台共：蘇新，台南佳里人，一九〇七年生，一九八一年，病逝北京。一九一五年，蘇新入佳里興公學校，一九二一年，考入台南師範學校，受文化協會啟蒙運動的影響，發動罷課風潮被退學，於一九二三年赴日，次年，轉入東京大成中學。

蘇新在日期間，正是大正民主時期，因而沈醉於馬克斯主義的研讀，一九二六年，他考進東京外國語學校英文系，並組織台灣青年會社會科學研究部，次年，成立「馬克思主義小組」（一九二八年，成為日本共產黨台灣民族支部東京特別支部），正式參加文化協會，擔任向左轉後的文化協會之機關報《大眾時報》的主編，一九二九年，返回台灣與台共領袖謝雪紅取得聯繫，進入太平山當工人，組織木材工會，年底，轉赴基隆組礦山工會，積極進行勞工運動，以為台共的發展鋪路。

蘇新（林柏維提供）

1929年，就讀東京醫學專門學校時的蘇新。（圖片來源：《未歸的台共鬥魂》）

一九三一年，蘇新與王萬得等五人組「台共改革同盟」，召開台共二次大會、任宣傳部長，開除謝雪紅，引來當局的「台共大逮捕」，被捕下獄，判刑十二年，獄中研究「台灣話之法」，此時，台灣的社會運動也已幾乎全告停擺。

一九四三年，蘇新出獄後，得文學家吳新榮的幫助，任職於礦泉會社及佳里油脂會社、養兔組合、生鮮食料品統制組合的專務理事。終戰後，蘇新重操「舊業」和陳逸松辦《政經報》，再和宋斐如創辦《人民導報》，抨擊國民黨的對台施政，被迫「撤職」，遂參與《台灣評論》、《自由報》，一九四六年，和許乃昌、楊雲萍、王白淵、陳紹馨等組織了「台灣文化協進會」，出任宣傳主任，出刊以提昇台灣文化發展為目的的《台灣文化》。

二二八事件發生後，蘇新舉家逃亡上海，再到香港，與廖文毅、謝雪紅等組織「台灣民主自治同盟」，並以莊嘉農為名，出版《憤怒的台灣》，又以林

木順之名印行《台灣二月革命》。中國易幟後，蘇新到北京，負責對台統戰工作，文革期間被以「叛徒」之名加以清算，下放到五七幹校接受勞動改造，雖遭受開除黨籍處分，但他卻仍堅持「共產黨員是不退休的」。

1950年，蘇新（右3）與李應章（右4）在上海。
（圖片來源：《未歸的台共鬥魂》）

　　跨越日台中三地，皆難見容於當局，這該是蘇新一生最大的「憤怒」吧！做為台共成員，蘇新的命運和他的同志們相彷彿，他堅持馬克思主義的社會理想，做為台共的理論大將、文宣主帥，他為謀求「台灣的解放」而不改初衷，他對生命過程的選擇與堅持，換來的卻是鐵窗歲月的相伴，歷史的是與非其實無關歷史人物，至少，蘇新關愛本土、疼惜他的故鄉台灣，那一股熱忱是值得我們敬佩的。一生做為馬克思的忠實信徒，蘇新一路走來，始終如一，勿論思想的是與非，其對理想的堅持與信念確也令人敬佩。

　　　　　　1994.2.1.《自由時報》副刊

【參考書目】

1. 羊子喬〈客死異鄉的老台共〉，《台灣近代名人誌》，冊4，頁255-269，
   台北：自立，1987.12.。
2. 蘇新《永遠的望鄉》，台北：時報，1994.9.。
3. 蘇新《未歸的台共鬥魂》，台北：時報，1993.4.。
4. 蔡福同〈蘇新回憶錄〉，《台灣與世界》期6，1983.11.。
5. 盧修一《日據時代台灣共產黨史》，台北：前衛，1990。

王詩琅

沙基路上的永別——黑色青年

耕耘本土史料，為台灣研究默默播種的文學家王詩琅：一九○八年，生於台北艋舺，七歲時入秀才王采甫的私塾，十六歲始自老松公學校畢業，受限於父親經營「德豐號」布莊的生意，未能繼續升學，憑其毅力，刻苦自修。

一九二○年代的台灣，世界各種思潮在啟蒙運動下湧入台灣，王詩琅因大量涉獵中日文書籍，受到影響而成為無政府主義（又稱黑色主義）的信仰者，先是和周和成組「勵學會」，再加入日人小澤一的「台灣黑色青年聯盟」，繼之成為文化協會會員。一九二七、一九三一、一九三五年皆因是「無產青年」，被日本警方逮捕，三度入獄。

一九三○年起，王詩琅鑑於政治社會運動在台灣已無可為，遂轉向文學創作，以筆耕來反映日本統治下台灣知識分子的卑微和無奈。

王詩琅
（圖片來源：《陌巷清士》）

1951.9.20.，台北市政府邀請作家參加文藝座談會，1排右1.2.4.：吳新榮、王白淵、市長黃啟瑞，2排右2吳濁流、3排右2.3.：龍瑛宗、王詩琅。（林柏維提供）

做為文字工作者，王詩琅是一九三三年成立的「台灣文藝協會」成員，這時，他編《台灣新文學》、辦《同仁》雜誌。一九三八年，到廣州，編《廣東迅報》，經歷了中國經驗。一九四六年，回台灣，任《民報》編輯，兼台灣通訊社編輯主任及和平日報主筆，小說的創作也隨著戰爭結束而中止。

一九四八年，王詩琅任職台北市文獻會，纂修《台北市志》，主編《台北文物》、一九五五年起，先後主編過《學友》、《大眾之友》、《台灣文獻》、《台灣風物》。一九六一年，任職省文獻會，纂修《台灣省通誌》，全心全力投入文獻典故的整理，替今日之台灣研究留下許多彌足珍貴的歷史紀錄。

王詩琅因編《學友》，而從事兒童文學創作，因任職文獻機構，而撰寫大量的鄉土文獻。一九七五年左右，為喚起人們對日治時期的認知和研究，著手翻譯校訂台灣總督府出版的《警務局警

察沿革誌》。即使七二高齡，王詩琅仍
不忘情小說創作，〈沙基路上的永別〉
得到聯合報短篇小說推薦獎，此文訴說
了埋藏在他內心深層近四十年的歷史情
結：台灣人的邊緣性。

　　晚年他受苦於眼疾和不良於行，
委居陋巷，生活困頓，有顏回風範。
七十四歲始受肯定，獲國家文藝獎，
得獎已嫌太晚，一九八四年，病逝
（七十六歲）。

　　從激昂的社會主義信仰中脫卻，
化黑色主義的狂熱為文藝創作的動力，
乃因認知其無可作為，王詩琅選擇了文
學，難得的是在戰後，他是少數能以
中文寫作的作家。耐長年的孤寂為台灣
文獻留青山，長期沉潛於文獻的整理工
作，或者，王詩琅有著無限的落寞吧！

　　　　1993.8.31.《自由時報》副刊
　　　　原題〈從黑色青年到文獻耆老〉

王詩琅（圖片來源：《陋巷清士》）

【參考書目】

1. 張炎憲、翁佳音編《陋巷清士：王詩琅選集》，台北：弘文館，1986.11.。

2. 王詩琅《日本殖民體制下的台灣》，台北：眾文圖書公司，1980.12.。

3. 王詩琅〈日本殖民體制下的台灣〉，《台灣風物》，卷27期3、期4，1977.9、12.。

4. 王詩琅〈台灣抗日運動新探〉，《夏潮》，卷1期7，1976.10.。

5. 劉靜娟〈永遠的漢民族：訪王詩琅先生〉《中央月刊》，卷14期7，頁81-83，1982.5.。

6. 徐曬整理〈『黑色青年』王詩琅〉，《暖流》，卷1期5，1982.5.。

7. 林子候〈王詩琅小傳〉，《傳記文學》，卷46期4，頁141-142。

8. 毛一波〈台灣老作家王詩琅〉，《傳記文學》，卷46期1，頁88-93。

謝雪紅

統治者的叛徒——永不低頭的台灣女性

日本政府逮捕她，國民政府通緝她，共產政權批鬥她，台灣共產黨的領導人：謝雪紅，本名謝阿女，彰化市人，一九〇一年，生於貧困的工人家庭，六歲起，在台中街頭擺攤賣香蕉，十三歲，被賣為妾，一九一七年，離家出走到台南帝國製糖廠當女工，結識張樹敏，嫁與為妾，同赴日本神戶，發憤進修日文、漢文。一九二〇年，謝雪紅返台任勝家縫紉機外務員，兩年後，自力開設「嫩葉屋洋服店」。

一九二一年文化協會成立時，謝雪紅即已加入為會員，一九二四年左右，與張樹敏到上海後，參與五卅運動，一九二五年，入上海大學，再於年底，赴莫斯科東方大學，為成立台灣共產組織鋪路。一九二七年底，謝雪紅返回上海，即與林木順、翁澤生成立上海台灣學生聯合會，次年，發行《屋內刊》，四月，召開台灣共產黨成立大會，旋為日本警方逮捕回台。在無罪釋放後，謝雪

謝雪紅（林柏維提供）

紅展開台共再生運動，積極介入文化協會及農民組合的組織與活動，嘗試結合各個「台灣解放運動團體」，以樹立台共在反日運動中的領導地位。

　　一九二九年，謝雪紅得蔣渭水協助，開設國際書局，做為台共總部，並成功地操縱了農民組合和文化協會，使之成為台共的外圍組織，卻在一九三一年，被蘇新的台共改革同盟開除黨籍，同年，日方進行全島台共大逮捕，謝雪

右1謝雪紅、右2李應章。（李玉華提供）

紅被判刑十三年。一九四○年，謝雪紅出獄，與楊克煌經營「三美堂」，沈潛至戰爭結束。

一九四五年，謝雪紅重新出發，在台中建立「人民協會」，進行啟蒙運動，組織「人民總工會」、「農民協會」，以延續當年台共未完成的事業。二二八事起，謝雪紅隨即成立作戰本部，參與「二七部隊」的組成，企圖成立人民政府，事變後，逃至香港，成立「台灣問題研究會」，任「台灣民主自治聯盟」主席，堅持台灣自治路線，至死不渝。

一九四八年，謝雪紅正式參加中國共產黨，先後擔任黨政要員，然而「進入新中國後的謝雪紅，終於嘗到了苦悶台灣人的滋味」（陳芳明語），歷經三次嚴酷的整肅：一九五二年的整風（因〈台灣高度的自治論〉被批）、一九五七年的反右（因〈台灣半民族論〉被鬥）、一九六八年的文革。文革時期間，屢受鞭撻，引發肺癌，死於一九七○年。

做為社會主義的信仰者，謝雪紅

謝雪紅（林柏維提供）

謝雪紅（林柏維提供）

謝雪紅（圖片來源：《謝雪紅評傳》）

歷經三個時代，她的立場始終一貫，她堅持她的路線、執著於她的認同，她反抗三個時代，永不低頭。她從社會的底層，以弱勢的角色出發，從困厄的環境中掙扎而出，突破了傳統女性慣有的命運，她以毅力為自己開闢了一片天空。她是統治者眼中的叛徒，然而在台灣歷史中的謝雪紅，則如她自己所說的：「我的價值是不可毀滅的。」

1994.1.25.《自由時報》副刊

【參考書目】

1. 陳芳明《謝雪紅評傳》，台北：前衛，1991。
2. 鍾逸人《心酸六十年》，台北：自由時代，1988.6.。
3. 盧修一《日據時代台灣共產黨史》，台北：前衛，1990。
4. □□□《台灣共產黨史》，調查局。
5. 簡炯仁《臺灣共產主義運動史》，台北：前衛，1997。

葉陶

四處亂跑的鱸鰻查某——農民運動女豪傑

一生中有十次坐牢紀錄的楊逵夫人：葉陶，一九〇四年，生於高雄，父親葉賜為保正，家境富裕，從小就有婢女服侍，也纏過小腳，八歲讀平和公學校，同時在私塾讀漢學，一九一八年，葉陶從學校畢業即到台南教員養成所受訓，次年，回母校執教，年方十五的大小姐，被學生謔稱為「烏雞母」。

葉陶先後任職於鹽埕分校、三塊厝公學校、第三公學校等，期間，受同事簡吉的影響，開始關注社會現象，簡吉在文化協會及二林蔗農爭議事件的刺激下，於一九二五年，成立鳳山小作組合，次年，組織台灣農民組合；葉陶因同情農民的悲慘處境，也在一九二七年辭去教職，投身農民運動，結識甫自日本回台的楊逵，兩人南征北討，深入農村，辦講演會，替農民爭權益，為啟蒙農民而居無定所，楊逵戲稱她是「四處亂跑的『鱸鰻查某』」。

一九二八年，葉陶任農民組合婦女部長

及台中州「鬥士」，卻因「竹林爭議事件」及農民組合的派系路線之爭，她被革除一切職務，遂與楊逵同居彰化，次年四月，在與楊逵結婚前夕，竟遭日警逮捕，只得在獄中「度蜜月」。

一九三〇年代，日本當局對社會運動強力禁制，葉陶失去了她的街頭舞台，以縫製童衣擺攤販售，熬過生活的窘境。一九三二年起，她擔任家庭教師，楊逵則專事寫作；一九三七年，葉陶經營首陽農園，成為賣花婆。

終戰後，葉陶與楊逵在台中組「新生活促進隊」，葉陶似乎又尋回了她失去的群眾舞台，然而二二八事件再度終結了她迷人的群眾魅力，被捕拘禁四個月，獄中，茫然面對死刑的到來，猶高唱「丟丟銅仔」自娛。

一九五〇年，是國民黨政權白色恐怖治國的年代，楊逵因〈和平宣言〉坐獄綠島十二年，葉陶獨撐家計，並且擔任台中市北區婦女會理事長、省婦女會理事。一九六一年，鱸鰻查某葉陶被選為台中市的模範母親，楊逵

新女性葉陶
（圖片來源：《楊逵畫像》）

也出獄了，次年，夫妻合力墾拓東海花園，一九六九年，葉陶終於平靜地躺在她灌溉過的花園。

從傳統女性到奔騰於街頭鄉野的社會運動家，「土匪婆」（楊逵初識葉陶時的戲言）葉陶是前衛的，從教育的講壇走向農民運動的荒野，她的一生作為，「堪為新女性主義者的典範」，最重要的是「代表台灣女性的覺醒」（林瑞明語）。

1994.4.18.《自由時報》副刊

革命鴛鴦：葉陶與楊逵
（圖片來源：《楊逵畫像》）

【參考書目】

1. 林瑞明《楊逵畫像》，台北：筆架山，1978.9.。

2. 楊翠《日據時期台灣婦女解放運動——以「台灣民報」為分析場域（1920
-1932）》，台北：時報，1993。

3. 林柏維〈二林事件（1925）：日治時期台灣農民運動的發軔〉，《南台
工商專校學報》期16，頁39-48，1992.10.。

4. 陳芳明編《楊逵的文學生涯》，台北：前衛，1988。

輯四

夢土中國

黃朝琴

白話文運動的先鋒──省議會的大家長

省議會首任議長：黃朝琴，生於一八九七年，台南縣鹽水人，鹽水公學校畢業後，改讀彰化公學校實業科，一九一六年，留學東京，進入正則英語學校，插班中學，一九二〇年，考入早稻田大學政治經濟科，並加入台灣學生所組成的瀛士會，求學期間往來於中國駐日公使館，得識郭佩雲小姐，結為連理，立下返回祖國的心志。

二〇年代台灣社會運動風起雲湧，黃朝琴因緣際會參與了《台灣青年》的編寫工作，一九二二年，與黃呈聰到中國考察，目睹五四運動的啟蒙成效，認為要推廣台灣的文化運動非用白話文不可，遂與黃呈聰在《台灣》雜誌上鼓吹白話文運動，為文發表〈漢文改革論〉，點燃了台灣新文學運動的火花。

一九二三年，黃朝琴自早大畢業，即向中國駐日使館申請恢復國籍，旋即赴美留學伊利諾大學研究國際公法，一九二六年，獲

擔任省參議會議長時的黃朝琴
（圖片來源：《台灣省地方自治誌要》）

1928年，楊肇嘉（左2）偕妹遊上海，與黃朝琴
（左3）及其家人合影。（圖片來源：《楊肇嘉回
憶錄》）

得政治碩士，次年，回歸祖國，進入外交界，先任職於僑委會，再進亞洲司。一九三五年，奉派為駐舊金山總領事，在處理「廣源輪案」中，援用國際公法，維護了中國主權，因而聲名大噪。

　　一九三九年，黃朝琴被調任駐緬甸、印度的總領事；一九四二年，轉任情報司幫辦，並兼任陳儀主持的「台灣調查委員會」委員；一九四五年，調駐甘肅特派員，戰後，改派為駐台灣特派員兼台北市長。

　　一九四六年，省參議會成立，黃朝琴告別十八年的外交生涯，投入參議員選舉，獲選為省參議會議長，卻也惹來「逼退林獻堂」的爭議。從省參議會、臨時省議會到省議會，黃朝琴擔任議長共十七年，為議會政治立下優良典範，吳三連推崇他「主持會議的高度藝術性和智慧的運用」。一九六三年，他退出議壇，經營國賓飯店，擔任董事長，一九六五年，陳誠逝世，他則隨之告別政壇，一九七二年，病逝。

　　黃朝琴熱愛中國，心懸台灣，著

有《日本統治下的台灣》（英文版）、《中華民族之海外發展》、《日本經濟之危機》及《台灣收復後之工作計畫》。

黃朝琴是日治下台灣菁英中投奔中國而卓然有成的代表，他早期鼓吹白話文運動，參與反日的文化啟蒙工作，從鹽分地帶奮起，他選擇了自己的天空，皈依中國，踏入政壇，平步青雲，少有困頓，風塵僕僕於外交生涯，衣錦還鄉後，成為地方大員，是「祖國派」中難得的異數；他嫻熟於政治生態的生存法則，省議長位階之爭，引來詬病，非無有緣由。

1993.12.14.《自由時報》副刊

黃朝琴（圖片來源：《黃朝琴紀念集》）

狂
飆
的
年
代

【參考書目】

1. 黃朝琴《我的回憶》，黃陳印蓮出版，1981.12.。

2.《黃朝琴先生紀念集》，無出版年月。

3. 陳少廷〈黃朝琴先生對台灣省議會的貢獻〉，《亞洲人》，卷3期2，頁
　　32-37，1982.7.。

4. 王劭齋〈追懷黃朝琴先生〉，《傳記文學》，卷49期2，頁72-74。

李友邦

起來！不願做奴隷的人們！——台灣先鋒

領導「台灣義勇隊」在浙江從事對日抗戰的李友邦，原名李肇基，一九〇六年生，台北蘆洲人。二二八事件時任三民主義青年團台灣區團負責人。

一九二二年，李友邦自和尚洲公學校畢業，考入台北師範學校，參加蔣渭水領導的文化協會，一九二四年，在強烈的民族意識下，與林木順等人攻擊台北新起街警察派出所，遭退學處分，於是遠赴上海，再轉廣州，考進黃埔軍校第二期。是年，他的弟弟李承基，參與第二次台北師範的學潮，也被退學。

李友邦投身中國革命，起因於幼年時被日本同學侮辱，還口說：「如在中國，君我當異於是。」卻遭日籍教師掌摑。及讀《台灣青年》：「若要救台灣，非先從救祖國著手不可。」確立了他矢志「爭取獨立，返歸祖國」的一生。

在孫中山的支持下，李友邦在廣州成

立了「台灣獨立革命黨」，軍校畢業後奉派主持兩廣省工委的台灣區工委會，一九二六年，返台活動，次年回廣州參與「廣東台灣革命青年團」的成立，不久即因國民黨的清共而離開廣州，該團成員也遭台灣日治當局通緝，一九二九年，李友邦在上海被捕，一九三二年，在杭州被國民黨逮捕，入獄五年。

一九三七年，中日戰端引發，李友邦積極籌組「台灣義勇隊」，次年在金華正式成立，先後成立「台灣少年團」、巡迴醫療隊、附設四所「台灣醫院」，參與對日抗戰的行列，孤軍奮戰，至一九四三年始獲國民政府承認，直屬軍委會政治部。

一九四〇年，在華六個台灣革命團體聯合成立「台灣革命團體聯合會」（次年，改稱「台灣革命同盟會」），「為促成祖國抗戰勝利、台胞自由解放而攜手奮鬥。」是年四月，李友邦發刊《台灣先鋒》雜誌，為台人對日抗爭留下史實，六月，在重慶國際廣播電台呼

李友邦
（圖片來源：《臺灣先鋒》）

籲：同胞們「起來！不願做奴隸的人們！」次年，他與謝春木、張邦傑同任台盟主席。

　　終戰後，李友邦任三青團台灣區團幹事長，官拜中將，豈料二二八事起，三青團成員率多涉入，李友邦因而被捕，下獄南京三個多月，一九四九年，受陳誠邀請，擔任國民黨台灣省黨部副主委、主委，政治聲勢、前景看好之際，他的妻子嚴秀峰竟因「參加匪幫組織」，於次年被捕判刑十五年，他也因同樣理由，於一九五一年被捕，判處死刑，次年，遭他一生鍾愛的黨國槍決。

　　李友邦是日治時期獻身中國革命，力主台灣獨立再回歸中國的祖國派，然而他卻也是祖國派中的悲劇英雄。做為台灣先鋒，「他的血應該流在與敵人廝拚的戰場上，但他卻死在他一生最深愛的故鄉。」

台灣義勇隊附設台灣醫院。（圖片來源：《台灣畫史》）

（嚴秀峰語）歷史最大的反諷在李友邦身上映照出來，他摯愛台灣與中國，他效命於中國國民黨，結果國民黨將之繫獄，羅織莫須有的罪名，在他的故鄉台北結束他的生命。

1994.4.4.《自由時報》副刊

李友邦（林柏維提供）

註：這一篇文章發表後，嚴秀峰女士來電，告訴我，她的感動與謝意：李友邦是堂堂正正的台灣人，他對的起家國。

【參考書目】

1. 李筱峰〈半山中的孤臣孽子〉，《台灣近代名人誌》，冊5，頁277-297，台北：自立，1990.10.。

2. 嚴秀峰編，《臺灣先鋒》，台北：海峽學術，1993.5.。

3. 王曉波〈李友邦與臺灣義勇隊初探〉，《台灣史與台灣人》，台北：東大，1988.12.。

謝春木

台灣人的要求——在華台人三巨頭

全程參與文化協會、民眾黨的結成與活動，積極展現「口誅筆伐」威力，台灣民報的記者：謝春木（南光），一九〇二年生，彰化芳苑人，就讀台北師範時，已對日本統治抱持懷疑的態度，進入東京高等師範後，就參加了新民會、台灣文化協會，並在《台灣》雜誌投稿，以追風為筆名，發表日文創作：小說〈她到那裡？〉、新詩〈模仿詩〉，是台灣新文學史上最早的小說與新詩。謝春木參加台灣青年會主辦的全台巡迴演講，擔任《台灣民報》記者，口誅筆伐殖民政治的橫暴，同情被壓榨的勞苦農民，二林事件（蔗農抗爭收購價格不合理的衝突）的發生，使謝春木回到故鄉，直接參與了反日的社會運動。

一九二七年，文化協會分裂後，謝春木與彭華英、陳逢源、黃旺成起草台灣民眾黨黨綱，調和南蔡（培火）北蔣（渭水）的水火不容，改用謝春木的名義申請政黨，民眾黨

謝春木（林柏維提供）

終能獲准成立，謝春木任政務部主任、勞農委員會主席；他與蔣渭水共同致力於全民的工農運動，但由於抗爭路線不斷的左傾，導致右翼的楊肇嘉、蔡培火退出民眾黨，另組「台灣地方自治聯盟」，也引來日治當局的迫令解散政黨。面對這樣的困境，謝春木以為：「台灣人非法的解放運動只有從事地下活動，或由島外採取間接射擊這兩條路

1920年，謝春木與李應章（前右3.4）、盧丙丁、吳海水、林麗明、何禮棟、蔡朴生等人，計畫組織「全台灣青年會」。（林柏維提供）

謝春木與蔡雪琴（彩雪）結婚，新人後方為媒人蔡培火，1927.5.。（林柏維提供）

而已。」一九三一年底，當局以《台灣新民報》通訊員名義，將謝春
木全家「放逐」到上海。

　　到了上海，謝春木仍不妥協，他在上海創設「華聯通訊社」，實
踐他間接射擊的抗日運動，並易名為謝南光。然而，隨著中日關係的
日趨緊張，使他被國民黨認為是日本間諜，一九三五年，遭法租界以
中共黨員罪名逮捕。七七事變後，謝南光在廣東結合反日團體，成立
「台灣民族革命總同盟」並任主席。一九四〇年，他與李友邦合作，
成立「台灣革命團體聯合會」，次年擴大為「台灣革命同盟會」，謝
春木、李友邦、張邦傑成為在華台人三巨頭，對於台灣復歸祖國的主
張取得共識，謝春木欣慰地說：「在某一時期，我們的同志間曾經主

張過獨立,建立『台灣共和國』,今日我們的主張已經統一了!」

終戰後,充滿社會主義思想的謝春木,被摒棄於政治權力的核心之外,無法回到他的故鄉台灣,一九五二年底,這位一生為台灣的解放而努力的台灣人,寂寞地在他「祖國」的北京長眠。

二〇年代風起雲湧的抗日風潮裡,謝春木從文藝少年到過激的社會運動家,從新聞編輯人到反日政黨的主幹,從勞農運動的關懷者走向回歸中國的祖國派,寫有《台灣人的要求》(民眾黨史),《台灣人如是觀》(政治評論)、《日本主義的沒落》。

1994.6.27.《自由時報》副刊

謝春木及其妻、子。(林柏維提供)

【參考書目】

1. 謝春木(南光)《台灣人の要求》,台北:台灣新民報社,1931.1.。
2. 謝春木《台灣人ハ斯ク觀》,台北:台灣民報社,1930.1.。
3. 宮川次郎《台灣の社會運動》,台北:台灣實業界社營業所,1929.10.。
4. 吳瀛濤〈台灣新文學的階段〉,《台北文物》,卷3期2,1954.8.。
5. 《台灣民報》。

葉榮鐘

鐵筆有時揮硬論——永遠的秘書長

台灣地方自治聯盟書記長葉榮鐘，彰化鹿港人，一九○○年生，一九七八年病逝。「杖履追隨」台灣民族運動領袖林獻堂「四十年」，對於二○、三○年代的社會風潮最是通曉，所撰《台灣民族運動史》，至今仍是近代台灣史的經典之作。

葉榮鐘幼年接受書房教育，以啟蒙漢學，受施家本薰陶最多，一九○八年，進鹿港公學校，求學中，家道突然中落，一九一四年，畢業後，先是擔任藥局生、撞球場計點員，練就一口流利的日語。次年，他向光明智曉和尚學和歌，後，任職於辜顯榮的食鹽配運館，閒時，與好友編寫《晨鐘》迴覽雜誌。

一九一八年是葉榮鐘命運的轉折點，經施家本的引薦，認識了林獻堂，並得其資助赴日留學，同時接受辜顯榮的贊助，進神田正則美語學校、研數學館。一九二一年，葉榮鐘返台任職林本源製糖會社，因參加議會

葉榮鐘（林柏維提供）

1925.4.4.台灣文化協會員林支部成立，舉辦台灣議會請願代表洗塵會。前排右起：2葉榮鐘、3林獻堂。（詹耀慶提供）

設置請願運動被迫離職，開始擔任林獻堂的私人秘書，並投入二、三〇年代台灣的社會運動。

　　一九二七年，文化協會分裂後，葉榮鐘再得林獻堂資助，赴日，進東京中央大學經濟科，一九三〇年，學成返台，擔任楊肇嘉主持的台灣地方自治聯盟書記長，一九三三年，派赴朝鮮考察，寫〈朝鮮自治制度報告書〉。在地方自治聯盟的努力下，台灣當局終於在一九三五年，施行台灣有史以來的首次選舉；這一年，他擔任《東亞新報》總編輯，開始〈一段暴風雨時期的生活紀錄〉，先後任職《新民報》通信部長和東京支局長、《興南新聞》台中支局長、馬尼拉《華僑新聞》編輯次長、《台灣新報》文化兼經濟部長。「文章價賤感難禁，其奈嗜痂癖已深；鐵筆有時揮硬論，縱無人讀亦開心。」是他這一時期的心境寫照。

　　日本戰敗，葉榮鐘任「歡迎國民政府籌備會」總幹事，一九四五年，隨「台灣光復致敬團」到中國，「忍訴辛

酸五十年」，豈料，次年二二八事件引
爆，澆熄了林獻堂的祖國情懷，葉榮鐘
也轉進彰化銀行。

　　文學的葉榮鐘，在一九二九年發
表〈墮落的詩人〉，引發第二波的新舊
文學論戰，一九三二年，與賴和等人創
刊《南音》雜誌，主張「腳立台灣的大
地……非由台灣人的血和肉創造出來不
可」的「第三文學」。著有《半路出家
集》、《小屋大車集》。

　　葉榮鐘是林獻堂最忠實的支柱，
長期陪恃林獻堂，葉榮鐘盡職地經營林
獻堂的政治與社會地位，進而整飭過往
文獻，謂其為永遠的秘書長，應無溢
美。葉榮鐘也是日治時期典型的「祖
國派」，然而，強烈的祖國情懷與戰後
的政治地位卻恰成強烈的對比，令人唏
噓！即使如此，他仍甘於戰後的沈潛與
寂寞，孜孜不倦於史事的回憶和編撰，
為他所曾奮鬥過的時代，留下許多彌足
珍貴的歷史見證。

一九二五年二月十六日，林獻堂（坐者）因擔任
台灣議會設置請願代表而赴日，遊行市區後，由
葉榮鐘（左1）等陪同，在台灣雜誌社休息。（圖
片來源：《林獻堂先生紀念集》）

　　　1994.2.15.《自由時報》副刊

【參考書目】

1. 葉榮鐘《半路出家集》，台中，中央，1965.1.。
2. 葉榮鐘《台灣人物群像》，台北：帕米爾，1985。
3. 葉榮鐘〈文化運動的回憶〉，《春風》，卷1期1，1979.11.。
4. 葉榮鐘〈葉榮鐘先生回憶錄〉，《文季》，期3，1983.8.。
5. 王大佑〈苦悶時代裡的反省──葉榮鐘與『南音雜誌』〉《暖流》，卷2期1，1982.7.。

戰後台灣，統治當局中官位最高的台灣人，是台灣省教育處副處長：宋斐如，本名文瑞，一九○三年生於台南仁德，因不甘做日本的二等公民，台北商工畢業後即渡海中國，考入北京大學經濟系，為了與東京的《台灣民報》相唱和，宋斐如結合張我軍、洪炎秋、蘇維霖創刊《少年台灣》月刊，任主編。畢業後，任教於北平大學，並擔任馮玉祥之社會科學研究室主任，同時與劉恩慕、呂振羽創立「新東方學社」，出版《新東方》雜誌，「支持和鼓吹東方被壓迫民族的反帝運動」。

九一八事變後，宋斐如辭去教職，投奔因中原大戰（一九三○年的中國內戰）失利、賦閒泰山的西北軍領袖馮玉祥，成為馮玉祥的私人教師。後，負笈日本東京帝大研究院，七七事變後，返國參加抗戰工作，在作家老舍的領導下成立「抗戰文化協會」，曾任軍事委員會設計委員及中央幹訓團指導員。一九三八年，宋斐如在漢口創刊《戰時日本》，後轉至香

宋斐如
（圖片來源：《二二八消失的台灣菁英》）

二二八事件後台南士紳前往高雄要塞兼台灣南部
防衛司令部台南指揮部「慰勞」陸軍整編21師，
左1為辛文炳。（圖片來源：《世間最幸福的人》）

港發行。一九四一年，宋斐如到桂林，任《廣西日報》總主筆，這一年，謝春木、李友邦、張邦傑組成了「台灣革命同盟會」，宋斐如獲選為執行委員，並擔任翁俊明領導的國民黨台灣省黨部幹部訓練班教育長。

終戰後，宋斐如受命為台灣省行政長官公署教育處副處長，在《政經報》主張：「爭取台胞內向最有效的辦法，就是一視同仁政策的運用。」為落實化解海峽兩岸人民的文化隔閡，他與鄭明祿、蘇新、白克等人創辦了《人民導報》，並在一九四六年元旦發刊，「願為台灣文化的掃雷艇、新文化的播種機。」擔任社長的宋斐如，經常要求同仁「多報導民間不受注意的反應和要求」，言論的公正及對惡質吏政的批駁，使《人民導報》贏得香港人鄧初民「一切為了人民」的讚譽。

「站在人民的立場，為文化教育而努力」的《人民導報》，終於引起行政長官陳儀的不滿，宋斐如被迫辭去社長，二二八前八天更被撤去官職，宋斐

如始終認為台灣「還須加緊溝通祖國文化，積極推進政治訓練，這樣才能夠發揮鉅大的人民力量，從事國家建設。」結局竟是與繼任社長王添燈同遭死難，更可悲的是，他廣東籍的妻子區劍華，也在一九五〇年被當局以「參加共產黨」為由，執行槍決。

心向「祖國」的台灣少年：宋斐如，他是一位典型的「祖國派」，也是日治時期返回中國以爭取台灣「回歸」的知識菁英，一生辦報，書生論政，然而造化的捉弄，卻使他成為批判政府作為最力的號角，也成為第一批二二八事件後的犧牲品。下場竟與投筆從戎的李友邦相彷彿，一文一武的台灣菁英，生也中國，死也中國，他們的妻子，不約而同的，都背著「共黨」的「罪名」。

1994.8.29.《自由時報》副刊

【參考書目】

1. 李筱峰《台灣戰後初期的民意代表》，台北：自立，1986。

2. 李筱峰《二二八消失的台灣菁英》，台北：自立，1990。

3. 阮美姝《幽暗角落的泣聲》，台北：前衛，2003.11.。

4. 張炎憲、胡慧玲、黎澄貴《台北都會二二八》，台北：吳三連台灣史料基金會，1996.2.。

洪炎秋

國語運動的推動者──教育老兵

國語日報社社長洪炎秋，彰化鹿港人，一九○二年生，一九八○年病逝。由於他的父親洪棄生（前清秀才）執著的反日意識，不准子女接受日式教育，洪炎秋在父親的調教下，奠立了深厚的漢學根基。

具強烈求知慾的洪炎秋，違背其父的旨意，以三年的時間自修完成小學及中學課程，進而於一九一八年以《台灣新聞》的徵文獎金及私自領用父親的存款，隻身遠赴東京求學，先進正則英語學校、研數學館，補習三個月，然後插班荏原中學三年級，卻因其父無心支援，讀完四年級便告輟學，悵然返台。賦閒之際，從表弟丁瑞魚處學得北京話的注音符號，遂大量購入上海出版的《國語讀本》，自行修習，從此一生與國語結下不解之緣。

一九二二年，洪棄生到中國遊歷，洪炎秋隨行，次年，洪棄生回台，他則留住北京，考進北大預科，一九二五年，升入教育系。一九二四年，洪炎秋和張鐘鈴、楊克培等台籍

洪炎秋（林柏維提供）

學生，與韓國流亡青年吳基星（即李範奭，後來擔任駐華大使）組織韓台革命同志會。這一年宋文瑞（斐如）創刊《少年台灣》，洪炎秋與張我軍受命為執筆。次年與蘇薌雨秘密加入國民黨，卻因反對所謂的「台灣華僑」代表參加段祺瑞的「善後會議」，遭歹徒殺傷。

一九二九年，洪炎秋以《日本帝國主義下的台灣教育》論文畢業，任河北省教育廳科員，一九三一年，沈尹默任北大校長，他隨其轉任北大，並在

年輕時的洪炎秋與他的鹿港友人：左起（一排）2.蔡相、3.洪炎秋、4.施江西，（二排）1.許文葵、2.丁瑞乾、3.施玉斗、4.葉榮鐘、5.莊垂勝，（三排）1.丁瑞圖。（圖片來源：《文化協會的年代》（林莊生提供））

中國、華北等私立大學授課,一九三四年,開設人人書店。

　　中日戰爭結束,洪炎秋與吳三連組織平津台灣同鄉會聯盟,協助同胞返鄉,回台後仍堅守教育崗位,任台北女師教務主任,旋任台中師範校長,二二八事變發生,因「鼓動暴動,陰謀叛國」遭撤職,得許壽裳之助,轉任台灣省國語推行委員會副主委,次年,任台大中文系教授,並擔任剛創立的《國語日報》社長,推行「國語運動」,終其一生。

　　以風趣幽默文章見長的洪炎秋,著述近五十年,論述以教育和推行國語為主脈,一九六九年,在文化教育界的支持下當選立法委員。

　　自學成功,一生為教育而奉獻的洪炎秋,為台灣的解放而回到祖國,為國家的基礎建設而投入教育,為疏通人民意志而推行國語。他所推動的國語運動對台灣社會文化的影響自有正面的意義,卻也有負面的作用:國民黨政府在台灣強力推行國語,洪炎秋的國語日報

1968.4.14.,台灣文藝四週年及第三屆台灣文學獎,前排左起1.3.5.6.7.8.9.:林海音、巫永福、吳濁流、林衡道、鄭宇光、洪炎秋、李喬。(圖片來源:《台灣文藝》)

有著推波助瀾的功勞，然而，相對的，台灣人的母語卻也開始失血，
這可是洪炎秋推動國語的本意？

1994.3.21.《自由時報》副刊

【參考書目】
1. 洪炎秋〈我的先生胡適之〉，《傳記文學》卷2期3，頁32-33。
2. 洪炎秋〈詩人廳長沈尹默〉，《傳記文學》卷2期6，頁33-34。
3. 洪炎秋〈我印象中的夢麟先生〉，《傳記文學》卷5期1，頁23-24。
4. 秦賢次〈洪炎秋小傳〉，《傳記文學》，卷36期5，頁147-148。
5. 連震東〈五十年相知成永訣一念炎秋〉，《傳記文學》，卷49期6，頁
   26-27。
6. 洪炎秋《教育老兵談教育》，台北：三民，1968。

輿論先鋒

林呈祿

為民喉舌執不撓之筆——《台灣民報》總編輯

日治時期台灣民族運動的宣傳刊物：《台灣民報》的靈魂人物：林呈祿（慈舟），桃園大園人，一八八七年生，父親林振威及三哥林成皆於割台的次年遇害，母親呂氏因而告誡他：「勿忘我漢民族。」家庭遭逢變故，林呈祿奮發進取，養成行事沈著穩重，思慮明晰縝密的特質。

一九〇八年，林呈祿自總督府國語學校畢業，進台灣銀行服務，數月後，轉職到大坵園公學校，一九〇九年，至台北地方法院當雇員，次年，林呈祿以第一名的成績通過普通文官考試，在接受統計講習後，以總督府法院書記的資格，昇任台北地方法院統計主務。一九一四年三月，林呈祿辭官到東京，通過入學考，直升明治大學法科四年級，七月畢業，接著再進高等研究科。

一九一七年，林呈祿經蕭仲祁延聘，至譚延闓主政下的湖南，任政治研究所教授及會計講習會計師，奈何，時局動盪，次年，即歸

林呈祿
（圖片來源：《台灣人士鑑》）

1929. 1. 13.，日刊《台灣新民報》在台中大東信託株式會社成立，次年3.21. 新舊民報合併，林獻堂（右3）任社長，羅萬俥（右4）為專務取締役、林呈祿（右1）、林履信（左1）、林資彬（右2）為取締役，發行林煥清（中右2）。
（圖片來源：《林獻堂先生紀念集》）

返東京。從此，林呈祿開始扮演民族運動推動者的角色，與蔡惠如組織留日青年，掀起一九二〇年代台灣反日社會運動的洪流。

　　一九一八年，林呈祿成立「六三法案撤廢期成同盟」，並與中國學生組「聲應會」，一九一九年，他又組織「啟發會」，一九二〇年，成立「新民會」，催化了台灣本土的社會運動。一九二一年，林呈祿「設置台灣議會」的主張為林獻堂採納，展開了長達十四年的台灣議會設置請願運動，文化協會誕生時，他獲選為理事。一九二三年，林呈祿與蔣渭水、蔡惠如，在東京成立「台灣議會期成同盟會」，被台灣當局以違反治安警察法，逮捕下獄三個月，震驚全台。

　　林呈祿從一九二〇年主筆《台灣青年》起，就與台灣人的唯一喉舌：《台灣民報》結下不解之緣，他提出對應殖民統治的理論，主張地方自治、強調教育改革、設置台灣議會，使民族運動在台灣特殊化下走出康莊大道。

《台灣民報》在一九四四年，被迫與另五家日資報紙合併為《台灣新報》，林呈祿的總編輯生涯遂告落幕，一九四五年，日本戰敗，《台灣新報》改組為《台灣新生報》，林呈祿退居顧問，一九四六年，自行創立東方出版社，出版大量的青少年讀物，雖也是另一片天空，總讓人感到悵然。一九六八年，一代報人沈寂逝去，享年八十歲。

林呈祿（林柏維提供）

1932.4.15.，日報《台灣新民報》發行，編輯局成員有：主筆兼局長林呈祿（後右2）、經濟部陳逢源（後右1）、營業局長羅萬俥（後右3）、陳炘等一流人才。（林柏維提供）

151

一部《台灣民報》史，不僅是日治下台民的生活史，更是林呈祿的奮鬥史。林呈祿主持民報筆政長達二十五年，「啟發我島文化，振起同胞元氣。」、「代表民意、要求民權、擁護民主，執不撓之筆、抱任勞任怨之心，始終一貫。」的台灣民報精神，也正是林呈祿的精神。

1993.8.24.《自由時報》副刊

【參考書目】

　　1. 章子惠《台灣時人誌》，台北：1947.3.。

　　2. 台灣新民報社編《台灣人士鑑》，同社刊行，1935.9.。

　　3.《台灣》、《台灣青年》、《台灣民報》。

　　4. 陳少廷《台灣新文學運動簡史》，台北：聯經出版公司，1977.5.。

　　5. 吳濁流〈新文學運動的雰圍氣〉，《台北文物》，卷3期2，1954.8.。

黃呈聰

創設台灣的特種文化——啟蒙運動的理論健將

主張改造台灣的啟蒙運動家，黃呈聰，彰化線西人，一八八八年生，一九六三年逝世。黃呈聰幼年先受傳統書房教育，一八九八年，進彰化公學校，未畢業即以五年生資格考進當時兩所最高學府之一的國語學校（台北師範前身）實業部，一九〇七年畢業後，回鄉經營鳳梨罐頭、輕便鐵道及米糖業。

由於在地方上頗有家勢，黃呈聰二十六歲便受命為線西區長，一九一七年，更獲總督府頒授被他視為「臭狗牌」的紳章，基於對殖民體制的嫌惡及逃避心情，黃呈聰遂於次年留學東京，考入早稻田大學政治經濟科。

一九二〇年，新民會成立，黃呈聰與蔡式穀同任幹事，次年，即以實際的行動聯合五名彰化郡下的街庄長，向田健治郎總督建言撤廢保甲制度，此一行動奠下了他反日到底的心志，是年，文化協會成立，黃呈聰被選為台灣青年會總務幹事（會長）參與《台灣青年》雜誌的編務，與蔡培火、林呈祿成為留學生的意

黃呈聰（圖片來源：《台灣人士鑑》）

黃呈聰（林柏維提供）

此為1917年，線西區長黃呈聰獲總督府頒授被他視為「臭狗牌」的紳章。（李篤恭提供）

見領袖。

一九二二年，黃呈聰偕同林呈祿、王敏川到中國旅行考察，決議發動白話文運動，黃呈聰和黃朝琴率先發難，他寫〈論普及白話文的新使命〉，引發以張我軍為首的台灣新文學運動。一九二三年，黃呈聰大學畢業，即任新發行的《台灣民報》編輯主任兼發行人，並與王敏川返台促銷，下鄉演講，引發農民運動的契機，次年，以實際行動組織「線西甘蔗耕作組合」。一九二五年，黃呈聰以「世道人心墮落」為由，遠去廈門、上海，信奉耶穌，一九三〇年，返台佈道，經商為業，一九三二年始再執筆，任《台灣民報》社會部長，兩年後，辭職赴日本經營商業，戰後，以黃以利沙之名在家鄉傳播福音，以至於終。

黃呈聰在《台灣民報》的論述及其政治觀點是多面向的，在兼顧文化啟蒙的使命下，也大力批判殖民政治，他寫〈呈總督的建白書〉，要求政治的平等。他寫〈台灣經濟界之危機及其

1920. 1. 11. ，近代台灣社會運動的母體：新民會，在東京蔡惠如寓所成立，眾推蔡惠如為會長，蔡推林獻堂（二排左4.5）代己，年底，林獻堂接任會長與林呈祿、黃呈聰、蔡式穀（二排左起2.3.7.）等會員合影。（圖片來源：《林獻堂先生紀念集》）

救濟〉，批判當局的各項產業措施。他寫關於台灣改造的文論，要求自治的台灣，建設有獨特文化的台灣。他寫〈應該著創設台灣特種的文化〉，肯定本土文化，要建設一個與歐美並肩的台灣，所以，台灣不僅是台灣人的台灣，也應該是世界的台灣。

黃呈聰的思想代表著二〇年代台灣反日菁英的共同意念，黃呈聰的台灣改

黃呈聰
（圖片來源：《台灣人士鑑》）

造論更且是二〇年代反日運動的普遍認知，黃呈聰的主張和論見尤其是二〇年代各種社會運動訴求的張本。

1993.12.21.《自由時報》副刊

【參考書目】

1. 陳少廷《台灣新文學運動簡史》，台北：聯經出版公司，1977.5.。
2. 吳濁流〈新文學運動的雰圍氣〉，《台北文物》，卷3期3，1954.8.。
3. 若林正丈〈黃呈聰における「待機」の意味──日本統治下台灣知識人の抗日民族思想〉，《台灣近現代史研究》，號2，1979.8.。
4. 若林正丈《台灣の抗日民族運動》（收在野追豐、田中正俊編《講座中國現代史》，卷六，抗日戰爭），東京：東京大學出版會，1978.9.。
5. 《台灣》、《台灣青年》、《台灣民報》。

王添燈

硬骨棱棱擬鈍力——《人民導報》社長

在一九三○年代，擔任台灣地方自治聯盟台北支部主幹的王添燈，出身茶農之家，一九○一年，生於新店，安坑公學校畢業後，就職於新店庄役場（鄉公所），任庶務主任時，騎單車往返台北新店，連續四年，完成成淵中學夜間部的學業。轉職台北市役所社會課後，王添燈認識了「愛愛寮」的施乾、周合源，始對政治事務產生濃厚的興趣。

一九二九年，王添燈辭去公職，致力推動皇漢醫道運動，次年，社會運動右翼成員成立台灣地方自治聯盟，王添燈參與其事。一九三一年，在港町（長安西路口一帶）開設文山茶行，一展實業長才，事業規模漸大，茶葉出口琉球、南洋，並設分店於大連、沖繩、新加坡等地，轉業有成的王添燈，身兼台灣茶商公會評議員、台灣茶輸出統制株式會社取締役等多項頭銜。

不忘情政治的王添燈，在一九三一年出版《市街庄之實際》，次年，任自治同盟台北支

王添燈
（圖片來源：《台灣人士鑑》）

王添燈（林柏維提供）

部主幹，一九三五年，獲選為理事，文山茶行成為繼蔣渭水之大安醫院後，政治反對運動人物聚合的場所。

終戰後，王添燈任茶業公會理事長，雄厚的政商實力，使他成為三民主義青年團台北分團主任，被台北市民選為台灣省參議員，與林日高、郭國基等並列為省參議會大砲議員，在議會殿堂指責陳儀：「接收大員不是關心台灣同胞，他們關心的是台灣糖胞。」揭露貿易局和專賣局私吞物資及「鴉片被白蟻吃掉」的荒謬無稽。

面對戰後台灣政情的頹廢與經濟的蕭條，王添燈警告政府：「切不可以舊帝國主義的支柱，換一根新帝國主義的支柱，或法西斯主義支柱或封建主義支柱。」不幸的是，擔任《人民導報》社長的王添燈，還是因《人民導報》一則「警察為地主走狗，與日人統治時代無異」而官司纏身。一九四六年，王添燈與蔡子民、蕭友三創刊《自由報》，擔任社長，由於兩份報刊皆敢於抨擊時政，王添燈因而得罪當道，伏下殺機。

　　一九四七年，二二八事起，王添燈任「二二八事件處理委員會」宣傳組長，及台北分會主席；由潘欽信起草，以地方自治為基調的三十二條「處理大綱」，由王添燈等代表，向陳儀提出，被悍然拒絕。三月八日，憲兵隊帶走了他，汽油焚身，燒掉了他熾烈的、為民服務的政治理想，熄滅了文山茶行的希望明燈。

　　王添燈，起於地方自治的要求，終於地方自治的落實，在日治時期如此，在國民政府時期也是如此；葉榮鐘說他：「硬骨棱棱意氣豪，頻從虎脛擬鈍力。」結局竟是被「添油焚燈」而殉難。

1994.8.22.《自由時報》副刊

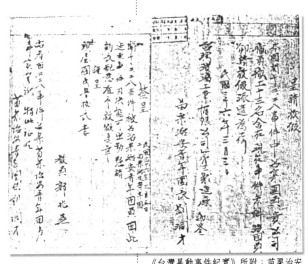

《台灣暴動事件紀實》所附：苗栗治安青年團長劉闊才所發的公文。（林柏維提供）

狂飆
的
年
代

【參考書目】

  1. 李筱峰《台灣戰後初期的民意代表》，台北：自立，1986。

  2. 李筱峰《二二八消失的台灣菁英》，台北：自立，1990。

  3. 阮美姝《幽暗角落的泣聲》，台北：前衛，2003.11.。

阮朝日

何罪之有——台灣新生報總經理

報紙是傳達社會訊息最普遍的媒體,也是反映社會景象的利器,更是政府宣傳政令的良方,卻也是掌控人民思想的最佳工具。日治時期台灣的社會菁英「為啟發島民和獲得同志」,創刊了新民會的機關雜誌《台灣青年》,繼之為《台灣》,一九二三年,做為「台灣人唯一之喉舌」的《台灣民報》在日本創刊,經過多年努力,到一九三二年,始獲准在台發行日報,然而一九四四年,卻被迫與另五家報紙合併為《台灣新報》;戰後,政府將它接收並改名為《台灣新生報》,社長李萬居,總編輯吳金鍊,總經理阮朝日。

阮朝日,出身屏東望族,一九○○年,生於屏東林邊,台灣總督府國語學校畢業後,留學日本東京高輪中學、福島高等商業學校,旅居日本六年的半工半讀生涯,使他從「自動車會社」的工廠學徒經驗中,植下日後經營汽車零件製造的基礎。一九二六年,返回故鄉後,即擔任由阮家經營的「長福商事株式會社」

阮朝日
（圖片來源：《台灣人士鑑》）

阮朝日（時任《台灣新民報》廣告部長）
與其夫人林素，在1937年所使用的賀年
卡。（楊永智提供）

董事長，並和林耀明、李開山合股創設
屏東信託株式會社，阮朝日任董事長，
與陳炘的大東信託南北鼎立，然而兩者
皆與《台灣新民報》的命運相似，同於
一九四四年，被迫併入台灣信託，戰
後，再被併入華南銀行。

　　一九三〇年，阮朝日獲選為林邊庄
協議員，一九三二年，《台灣新民報》
發行日刊，他應聘擔任販賣部長兼廣告
部長，加入了為民喉舌的行列，次年，
再代理會計部，一九三七年，轉任印刷
部長。次年，計畫製作北京語讀本《北
京語的基礎》，戰後易名為《華日辭
典》，是台灣第一本北京語辭典。

　　一九三八年，阮朝日向羅萬俥「表
明辭職心意」，「決心踏入實業界」，
與友人合資開設之丸式木炭自動車株
式會社（後改為朝日式木炭自動車株式會
社），從事汽車引擎的開發與製造，然
而惜才若渴的羅萬俥並未批准他的辭
呈，改派他為屏東支局長，以利於他事
業的展拓，次年，阮朝日升任《台灣新
民報》監事。大戰結束後，阮朝日更被

1937. 9. 27. ，《台灣新民報》部長、課長、支局長會議合影，右2阮朝日、右5林呈祿。（林柏維提供）

　　敦聘為《台灣新生報》的總經理，辭職的意願始終未能實現。

　　戰後台灣，滿目瘡痍，阮朝日主動與地方仕紳集資修復總督府（現為總統府）官舍，並與施江南組成台灣海外青年復員委員會，積極救援滯留海南島的台灣籍日本兵返台，竟因此得罪當道，及二二八事起，陳儀政府大肆逮捕「叛亂份子」，他的女兒阮美姝勸他避難，阮朝日在說完：「我又沒犯罪，為什麼要逃？」後，即被捕失蹤。

　　阮美姝以四十五年的青春，尋找失蹤的父親阮朝日，探訪《幽黯角落的泣聲》得到的答案竟是：「二二八事件陰謀反亂首謀，利用報社從事奸偽活動，利用報紙挑撥離間軍民情感。」無語問蒼天，何罪之有？

　　商業金融為事業重心的阮朝日，雖掌報社要職，實際上並未行口誅筆伐之能事，竟與入罪文人同一命運！

1994.9.12.《自由時報》副刊

163

狂飆的年代

【參考書目】

1. 阮美姝《孤寂煎熬四十五年》，台北：前衛，1992.2.。

2. 阮美姝《幽暗角落的泣聲》，台北：前衛，2003.11.。

3. 李筱峰《台灣戰後初期的民意代表》，台北：自立，1986。

籌組中國民主黨、創辦《公論報》的民主鬥士李萬居，一九〇一年，生於雲林口湖，一九六六年，病逝。九歲喪父，家貧而勤勉苦學，十五歲，自開私塾，後當鹽警，繼而養雞，再至烏日糖廠工作，皆難謀生，最令人悲憤的是：母親因無力繳納水租，在日警催逼下，自殺身亡。

一九二三年，李萬居得堂兄李西端資助到上海，次年，入國民大學，從章太炎習國學，體認「唯有祖國的強大，台灣才有希望」，遂於一九二六年，留學法國，加入中國青年黨，次年進巴黎大學習社會學，一九三二年，學成返回上海，從事教育及譯述，次年，應孫科邀約，任中山文化教育館編輯，編譯西方文化書刊。

抗戰軍興，李萬居進入軍事委員會國際問題研究所，從事對敵情報工作，一九四二年，奉派為粵港區辦事處少將主任，並與留華台人組織台灣革命同盟會，一九四五年，在重慶

李萬居
（圖片來源：《台灣省地方自治誌要》）

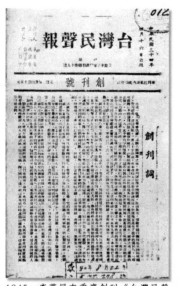

1945，李萬居在重慶創刊《台灣民聲報》，鼓吹台灣革命。（圖片來源：《台灣畫史》）

創辦《台灣民聲報》，鼓吹台灣革命，戰爭結束，李萬居回台接任《台灣新生報》社長，耿介直言，獲選為省參議會副議長，一九四七年二二八事件，李萬居因同情民眾，權位被架空，於是自籌資金創辦《公論報》，是戰後台灣民間第一家獨立報紙，主張「民主、自由與進步。」立論公正、報導翔實，有台灣《大公報》的美譽。

李萬居以大公無私的精神，為民喉舌，從省參議會起，連任省議員至第三屆病逝止，凡二十年，問政犀利，主題明確，鏗鏘有聲，與吳三連、郭國基、郭雨新、李源棧並列「省議會五虎將」，「五龍一鳳」（加上許世賢）傳為美談。

李萬居關懷農漁民，更大力鼓吹民主制度的改革，主張：軍隊國家化、司法獨立、解除戒嚴，保障言論及出版自由、省長民選、全面地方自治、落實政黨政治。為抗議國民黨的選舉不公，更於一九五七年，召集「黨外人士」組織「地方自治研究會」，是為台灣政治反

對運動的前驅。一九六〇年，李萬居與雷震、高玉樹、吳三連等十七人，積極籌組「中國民主黨」，觸犯當局禁忌，雷震「因案」被捕入獄，《公論報》被迫停刊，甚且連住宅都遭「意外之火」焚毀。

李萬居是台灣青年因反日而報效祖國的典型，他化鄉土之愛為國家民族之愛，他以辦報為職志，「盡瘁一生為自由、詞嚴義正比春秋」，敢於揭露社會真貌、針貶時政、提出議論、為所當為，誠所謂「士不可以不弘毅，任重而道遠」。在民主政治的道路上，李萬居扮演著先行者的角色，是一位「能夠真正代表人民」的代議士，他「夢寐憂時歌當哭，歲闌何計遣悲愁？」道盡了他為民主政治奉獻一生，卻又乏力回天的無奈。

1947年二二八事件後，李萬居創辦《公論報》，立論公正、報導翔實，圖為李萬居寫稿神情。（林柏維提供）

　　　　1993.12.7.《自由時報》副刊

【參考書目】

1. 蔡憲崇〈台灣民主政治的典範〉，《亞洲人》，卷1期3，頁85-92，1981.7.。

2. 李南雄〈記一位台灣報界、議壇雙棲人物〉，《八十年代》，卷2期6，頁87-90，1981.6.。

3. 黃順興〈憶萬居先生〉，《八十年代》，卷2期5，頁90-93，1981.5.。

4. 章子惠《台灣時人誌》，台北：1947.3.。

吳三連

大川不擇細流──集政經社文於一身的巨人

台南幫的精神領袖吳三連,一八九九年,生於台南學甲,父親吳徙,以木匠為業,家境貧困,經常食甘藷簽度日,在父母節衣縮食下,得以在一九〇七年,進西埔內教會讀書班,再入私塾,旋即輟學。一九一五年,以四年時間讀完學甲公學校,考進總督府國語學校,在家徒四壁的窘境下,熬過四年,一九一九年,接受板橋林熊徵的獎學金,考進東京高商(後改制為東京商科大學,再改稱一橋大學)預科,並加入啟發會、東京台灣青年會、新民會。

受到第一次大戰後民族自決思潮的洗禮,一九二〇年,在台灣總督府例行的留學生茶會上,吳三連大力批判日本對台灣的殖民統治,得罪下村宏總務長官,被列名在黑名單上。

基於民族意識和改革熱誠,吳三連廢寢忘食於留學生的民族運動,積極奔走於東京、大阪各地,為台灣議會設置請願運動而努力,

吳三連
（圖片來源：《台灣省地方自治誌要》）

吳三連與李菱在台南市公會堂結婚，證婚人蔡培
火、介紹人陳逢源，1927. 5. 17. 。（林柏維提供）

每於《台灣青年》、《台灣民報》發表宏論，針對時弊，口誅筆伐。一九二三年，更與黃周、謝春木、郭國基等人，組成留學生文化講演團，巡迴台灣各地，聲援文化協會，這一年十二月，總督府以治警事件打壓文化協會，吳三連無畏威迫，仍繼續參與議會設置運動。

一九二五年，自東京商科大學畢業後，進入大阪《每日新聞》社，擔任經濟部記者，這是吳三連與報紙終生結緣的開始，也是當時台灣人中「真正有記者經驗的」唯一人才，所以，當《台灣新民報》在一九三二年發行日刊時，林獻堂乃力邀吳三連返台主持報政。

一九二七年，台灣文化協會分裂，吳三連與楊肇嘉仍繼續從事議會設置請運動，負責與日本國會議員的公關工作，並印製「要求設置台灣議會，排擊總督的獨裁統治」的標語，在東京與大阪市區四處張貼。

回到台灣擔任《台灣新民報》編輯總務兼政治部長的吳三連，不改書生論政本色，時時猛批台灣當局的稗

政，一九三三年，吳三連奉派出任《台灣新民報》東京支局長，再次舉家赴日，並於次年和楊肇嘉等人成立台灣同鄉會。

一九三七年，台灣總督小林躋造強力推動「米穀管理案」（台灣米須由政府限價收購輸出，交由指定米穀商出售，此案無疑扼殺了農民生機），吳三連與楊肇嘉、劉明電三人起而反對，向日本輿論界、國會議員展開遊說，台灣總督府遂藉由警視廳之手，在一九三八年一月，拘捕吳三連和蔡培火，在林獻堂、楊肇嘉的營救下，被羈押十九天，始獲釋放。

越挫越勇的吳三連，改以日人田沼征的名義，印行《長期建設與農業政策》一書，繼續對台灣米穀管理案加以批評，立即被東京警視廳查禁。一九三九年十二月，再寫《台灣米穀政策之檢討》，由岩波書店出版，強力反對日本政府對台灣米輸入日本本土的嚴苛管制，且將書籍分送國會議員，前台灣總督伊澤多喜男竟反過來幫忙遊說議員，此舉，使書又被查禁，得罪當道：使台灣總督府警務局長向台灣新民報施壓，要求撤換其東京支局長的職務，吳三連乃於一九四〇年二月辭職。

在日本已難能有活動的空間下，一九四一年，吳三連前往北京，受聘為大冶洋行經理，踏上經商之途。一九四四年，轉赴天津，與姊夫陳火碑開設合豐行，經營染料生意，。

一九四五年，日本戰敗，吳三連立即展開留津地區台灣人的救援與返鄉工作，被推舉為天津台灣同鄉會會長，遂與北京台灣同鄉會會長洪炎秋，將兩個組織合組為平津台灣同鄉會聯盟，濟助三千多名台灣人返鄉。

吳三連的家庭記事本（林柏維提供）

吳三連（圖片來源：《台灣人士鑑》）

一九四七年，二二八事件發生，吳三連在平津台灣同鄉會召開記者會，公開〈為二二八大慘案告全國同胞書〉，目睹時局亂象，吳三連決定參與政治，以為台民謀福祉，於年底返台，以最高票當選台南縣（包括現在的雲嘉南四縣市）國大代表。

一九五〇年，吳三連被聘為台灣省政府委員兼官派台北市長，次年，當選第一任民選台北市長，崇高的政治聲望，卻也無法免除國民黨政權加諸於人民的白色恐怖，吳三連的長男吳逸民，也被羅織參加叛亂組織的罪名，於一九五二年被捕入獄，達十三年。一九五四年，吳三連決定放棄連任市長，返鄉競選省議員，繼於一九五七年連任，為民喉舌，敢於興言直諫，與郭國基等人被譽為「議會五虎將」。

對於國民黨政府的專制體制，吳三連與李萬居、郭國基、高玉樹等人，皆體認到台灣社會不只要落實地方自治，更需要有一個反對黨，先是在一九五八年，提出成立「中國地方自治研究會」

的申請，不被獲准；繼於一九五九年，在雷震的主導下，結合胡適、殷海光，籌組中國民主黨，旋於一九六〇年，舉辦「選舉問題座談會」，並於《公論報》上發表〈在野黨派與無黨無派人士對於本屆地方選舉向國民黨政府提出的十五點要求〉，組黨的動作激怒了蔣介石，《自由中國》雜誌被停刊，雷震被捕入獄，吳三連也在其參與之事業將被凍結貸款的威脅下，離台赴美。

在國民黨的黨國體制愈趨鞏固的態勢下，政治事務已難能有所作為，此後，吳三連被聘為國安會委員、國策顧問、文化復興運動委員會副會長、團結自強協會理事長、三民主義統一中國大同盟主席之一，率皆榮譽頭銜，但在蔣經國的開明專制裡，也被視為不可或缺的黨外大老。

峰迴路轉，老記者吳三連，自然無法忘懷早期的工作，以及對報紙輿論力量的體認，然而國民黨政府的報禁政策，讓吳三連無法自創報社，只有從接手舊報著手；先是一九五八年，應李萬居之邀接辦《公論報》，未能成事；後有一九五九年，與于斌主教洽談《益世報》的執照轉讓，不被當局所准；繼而在李玉階的邀約下，共同經營《自立晚報》，任常務董事兼發行人，一九六五年，增資改組後，任發行人兼社長，堅持無黨無派的辦報立場，在當時的輿論界獨樹一幟，隱然是「臺灣人唯一之喉舌」《台灣民報》的再生。

七〇年代，台灣「黨外運動」勃興，吳三連以其資歷，成為國民黨高局與黨外人士溝通的不二人選，還是無法避去一九七九年的美麗島事件，在蔣經國滅絕反對勢力的鎮壓行動下，吳三連以「台灣人家長」的位階展開營救；當三大報著意扭曲報導事件過程、謾罵

南台科技大學創校時，吳三連（中，左為李菱女士，右為辛文炳）主持教職員座談會，1969。（圖片來源：《八十春秋》）

詆毀時，《自立晚報》依然敢於提出異議論述，無畏於強權淫威。一九八八年報禁解除後，吳三連再辦《自立早報》，惜，在無厚實的經濟奧援下，終究難敵托拉斯式的商業競爭。

　　從政也從商的吳三連，由於他的高風亮節，雖無豐厚資產，卻屢被友人邀請參與企業的興辦，諸如：在一九四八年，應邀任杜聰明的台灣化學製藥公司總經理，並出任台灣製藥公會理事長，四九年與楊蘭洲合組興安行；此後，他陸續擔任彰化銀行、台灣水泥、台灣工礦、南港輪胎、泰安產物保險、國賓大飯店、南山人壽、台灣玻璃、南亞塑膠、六和汽車等多家公司董事；被推選為台南紡織、中和紡織、環球水泥、大台北區瓦斯、林口育樂事業等公司的董事長，其中吳修齊兄弟以台南紡織為中心，逐步發展成企業集團，吳三連也因而被尊為「台南幫」的領袖。

　　從商之餘，吳三連在社會服務方面也多膺重任，曾任：全國紅十

字會理事、全國商務仲裁協會委員、行政院國際經合會委員、北市吳氏讓德堂及吳姓宗親會理事長、北市南縣同鄉會永久理事長、陳誠獎學基金會董事長、吳尊賢基金會名譽董事長。更於一九七八年，成立吳三連文藝獎基金會，發行《文藝年報》，獎掖人才，提升藝術文化。

南台科技大學創校時，吳三連（前右）與辛文炳巡視校園，1969。（圖片來源：《八十春秋》）

吳三連對於教育事業也極為熱衷，一九四八年時，即與林獻堂、朱昭陽等成立延平補習學校（延平中學），任董事（七二年，接任董事長）；五七年，擔任龔聯楨創辦的天仁工商董事長；六五年，任中國文化學院董事。一九六九年，私立南台工業技藝專科學校歷經波折，在吳三連與曾任台南市長的辛文炳校長奔走下，歷經三年始獲准創立，任董事長，他和董事們從不支薪、堅持要辦一流的學校，長期耕耘下來，南台終於在一九九六年升格為學院，九九年改制為科技大學，是私立大學的頂尖學府。

一九八八年，吳三連走完九十年的

人生，以無私無我，成就大業的氣勢，洋溢出穩定的、清流的力量。
吳三連終其一生，並未參加任何政黨，一生全為人民謀福祉，不爭權
不牟利，每以黨外大老之身穩定政局，調和鼎鼐，為民主政治的發展
樹立優良典範，一代報人，他的立場始終一致。

1993.11.30.《自由時報》副刊

2007.6. 改寫

【參考書目】

1. 吳三連口述、吳豐山撰《吳三連回憶錄》，台北：自立晚報，1991.12.。
2. 吳三連文藝基金會，《九十春秋》。
3. 林銘章〈吳三連小傳〉，《傳記文學》，卷55期2，頁137-139。

連橫

婆娑之洋‧美麗之島──保存台灣文化第一人

《台灣通史》一書的意義，乃在於突顯連橫對台灣國家定位的表態：以國史體例撰述台灣史，對照於方志史書，因此，他說：「台灣固無史也」。

連橫，一八七七年，生於台南。十三歲時，因父親買來余文儀《續修台灣府志》給他，並告誡他：「汝為台灣人，不可不知台灣事。」一八九五年，台灣割讓，在遭逢國破家亡的悲痛之下，連橫矢志撰述《台灣通史》，直陳台灣無史之痛，寄寓異族統治致民族淪亡之義。

馬兵營故居（今台南地方法院）在日人買收之後，連橫開始舉家四處飄泊的生活，往來於海峽兩岸。一九〇二年，至福州參加科舉考試，落榜。一九〇五年，在廈門創辦《福建日日新聞》，鼓吹排滿，遭日本領事館查封。一九一二年，民國成立，遊歷中國山河三年，參與清史館編撰，得以盡閱台灣建省檔案。一九二六年，移居杭州西湖一年，因北伐

連橫（圖片來源：《櫟社第一集》）

連橫（圖片來源：《連雅堂年譜》）

軍興而返。一九三三年，喬遷上海，於一九三六年病逝，享年五十九。

連橫一生與報務結緣，先是任職《台澎日報》、《台南新報》，主筆廈門《鷺江報》，繼而創辦《福建日日新聞》，後又任職《台灣新聞》，參與《三六九小報》。

連橫窮十二年精力寫成《台灣通史》巨構之際，正是二〇年代台灣社會運動勃興之時，因身為「櫟社」（傳統詩之詩人社團，成員大都為民族運動支持者）同仁而參與台灣文化協會的演講活動，主講台灣史及漢學。同時期，新文學運動興起，連橫因創辦《台灣詩薈》，提倡傳統詩，遂成為張我軍等人攻擊舊文學的對象；《台灣通史》的撰述體例也因而備受批判，然而，他從未放棄對傳統的矜持。

連橫努力於文化種子的傳佈，開辦「雅棠書店」，專賣漢文書籍，卻因不善經營而結束。他沒有走上政治運動、社會抗爭之途，反而選擇了一條寂寞卻最有力的途徑：著述，他編《台灣

櫟社己酉春會，連橫（後左2）以來賓身分與會。（圖片來源：《連雅堂年譜》）

南社己酉春會，連橫（2排右6）以來賓身分與會。（圖片來源：《連雅堂年譜》）

詩乘》，以詩證史；編《台灣叢刊》，為文獻留活路；創辦《台灣詩薈》月刊，以「振興現代文學，保存舊時遺書，」因「懼夫台灣之語日就消滅，民族精神因之萎靡」，遂撰述《台灣語典》。

　　做為傳統文人，連橫面對國亡種滅的可能情境，在強烈的民族意識下，以文字做為向統治者抗爭的利器，以整理文化資產做為存留民族命脈的根本，他開台灣史研究之先緒，開台灣語彙研究之先河。

1993.6.29.《自由時報》副刊

1914. 1.，連橫自北京回台，「南社」社員相約「秀裝」團聚，即此南社嬉春圖。前右4夫人裝扮者即連橫。（圖片來源：《連雅堂年譜》）

【參考書目】

1. 連橫《台灣通史》，台北：幼獅文化事業公司，1977.7.。

2. 盧修一《連雅堂民族思想之研究》，文化政治研究所，1966.。

3. 鄭喜夫《連雅堂先生年譜》，台灣風物，1975.。

4. 吳相湘《民國百人傳》，台北：傳記文學，1971.。

5. 《三六九小報》。

文學巨擘

林幼春

男兒淚・願為同胞倒海傾——民族詩人

《台灣民報》社長林幼春（資修），著有《南強詩集》、《南強文集》，一八八〇年，生於福州，一九三九年，病逝霧峰。是霧峰林家又一傑出人物，民族運動領袖林獻堂是他的堂叔。林幼春自幼好學，博覽群籍，尤好小說，認為「文章要做的通，最好多讀小說。」對於新思潮也多所涉獵。

林幼春六、七歲才回台灣，十六歲又隨族人避割讓亂事於泉州，返台後，憤怨於異族統治，常感孤臣孽子之哀，賦詩每多反諷日人統治，如：「揚州嘉定屠城記，我亦臨風灑淚人，漂杵殷郊坑趙卒，虎狼周室虎狼秦。」惜，年二十餘，即染肺病，不得不長期依賴鴉片以維元氣。

一九〇二年，林幼春與叔父林痴仙、林獻堂及連橫等人創立詩人團體「櫟社」，一九一一年，梁啟超應邀來台，小住霧峰萊園，林幼春與他詠詩唱和：「一笑戲言三戶在，相看清淚兩行新。」梁氏驚嘆，譽之為

狂飆的年代

林幼春
（圖片來源：《櫟社第一集》）

「海南才子」，一九一八年，慨嘆於漢文垂絕，與蔡惠如組「台灣文社」，次年，創刊《台灣文藝叢誌》。

二〇年代，以台灣文化協會為主體的民族運動、文化啟蒙運動、議會運動，風起雲湧，林幼春也積極參與，先後擔任文化協會評議員、協理及《台灣》雜誌社董事長、台灣民眾黨顧問。一九二三年，更因身為「台灣議會期成同盟會」專務理事，遭日治當局以違

1921.7.9.，蔣渭水（左1）為籌組台灣文化協會，專程拜訪林獻堂（中）、林幼春（左2），後與莊太岳（右2）、林資彬（右1）合影於霧峰林家大花廳後院。（圖片來源：《文化協會的年代》，莊幼岳提供）

反治安警察法為由，下獄三個月，面對
審訊，認為社會運動乃是：「時代自覺
的結果，對舊有保守的秩序反抗的一種
新現象而已。」敢於抨擊統治當局的風
骨，是林幼春難能可貴的特質，《台灣
民族運動史》作者葉榮鐘讚譽他：始終
堅持「純潔的志操」，並推崇他：「病
骨卅年肩眾望，詩才一代仰彌尊。」

林幼春
（圖片來源：《台灣人士鑑》）

　　林幼春與胡殿鵬（南溟）、連橫
（雅棠）是日治時期的三大詩人，文獻
耆老王詩琅評其詩文：「各體兼備，特
以古體最為雅健，故島上一代詩壇，奉
為泰斗。」

　　林幼春不解日語，不讀日文，與林
獻堂、蔡惠如齊名。做為傳統詩人，不
自我設限於「擊缽吟」的老套格局，他
憂國憂民，「臨歧一掬男兒淚，願為同
胞倒海傾」，以實際的行動，以孱弱的
體軀，始終堅持反抗日本統治的意志，
「雖千萬人吾往矣！」

1993.9.7.《自由時報》副刊

【參考書目】

1. 邱奕松〈林幼春小傳〉,《傳記文學》,卷41期6,頁142-143。

2. 傅錫祺編《櫟社沿革志略》(台灣文獻叢刊第一七○種),台北:台灣銀行經濟研究室,1963.2.。

3. 高日文〈林幼春先生的思想與詩〉,《台灣文獻》,卷19期2,1968.6.。

陳虛谷

來去無人知，但見花開落──田園詩人

台灣新詩奠基期的大家：陳虛谷，本名滿盈，筆名一村，彰化和美人，一八九六年生，逝世於一九六五年。陳虛谷原是貧農子弟，五歲時，其生父因腳疾棄世，遂過繼給塗厝厝的地主陳錫奎，幼年時代在私塾讀漢學，對舊詩萌生濃厚興趣，十八歲，即奉父命結婚。

由於妻舅丁瑞圖兄弟皆飽學之士，陳虛谷因而發奮向學，先進總督府國語學校（台北師範）一年，再於一九二〇年，負笈東京，考進明治大學政治經濟科，這一年，新民會成立，陳虛谷恰好恭逢盛舉，心中也植下了反日的種苗，一九二三年，終於登台演説，歡迎「台灣議會設置請願團」赴東京請願，這一年，他從專門部畢業返台，旋即加入文化協會，投身各地的文化講演，並且擔任夏季學校的講師。

一九二四年，陳虛谷被選為文化協會理事，並前往中國，參加上海台灣青年會召開的台灣人大會，任執行委員，抨擊台灣當局拘留台灣議會期成同盟成員（即治警事件）。

189

左側直書標題：狂飇的年代

陳虛谷
（圖片來源：《台灣人士鑑》）

一九二六年，他任台灣議會期成同盟東京總會理事，次年，陳虛谷與陳炘、賴和、連震東、陳紹馨等人，組新生學會，他的第一首新詩〈秋曉〉在《台灣民報》發表，正式踏足於新文學的開拓。一九二八年，他發表小説《他發財了》，鞭撻日本警察的貪婪成性，另一篇《無處申冤》，則刻劃被壓擠變形的農民及寧死不屈的女性。一九三〇年，

1936年，賴和（後左1）與友人於歐園（彰化市北門口陳虛谷宅），左起：（前排）1.葉榮鐘、2.陳紹馨、3.莊垂勝，（後排）2.陳虛谷、3.楊木。被抱者為陳純真，站立之孩童為陳逸雄。（陳逸雄提供）

他又發表《榮歸》，嘲諷搖首擺尾的新舊知識份子，《放炮》貶損無理的警察大人。

陳虛谷與賴和過往甚密，對談每至「傷心難自抑，與君對酒淚為絲。」因此，他的作品受到賴和極大的感染，慣用寫實與反諷的手法，以濃厚的鄉土題材為本，透過樸實的本土語言，浮出反殖民的文學聲音。

陳虛谷（陳逸雄提供）

然而，陳虛谷的歷史定位應該是詩人，是台灣的陶淵明，雖然他的舊詩（三百四十多首）遠多於新詩（二十多首），他仍堅定的認為新詩「才適合於表達現代人的思想與感情」。一九三一年，他在《台灣新民報》發表〈敵人〉，對殖民當局的鎮壓社會運動，他高呼：「止！止！止！／止住我們的哭聲／我們便是滅亡在頃刻／也不願在敵人的跟前表示苦情／表示苦情／是我們比死以上的可憎。」做為詩人，陳虛谷不僅寫山寫景，並且跳出個人的苦悶，擴及對民族的關懷。

一九三九年，陳虛谷與賴和等人組

應社，次年，編《海上唱和集》，一九四四年，任和美恒生信用販賣利用組合長，一九五九年，膺選為好人好事代表。

　　從傳統詩走向小說、現代詩的創作，陳虛谷的傳統詩卻更耐人尋味；詩人陳虛谷的墓誌銘，是他的詩：「春來人歡樂，春去人寂寞，去來無人知，但見花開落。」正是這一位亂世中的田園詩人，一生的最佳寫照。

1994.5.16.《自由時報》副刊

【參考書目】

1. 張恆豪主編《台灣作家全集：陳虛谷、張慶堂、林越峰合集》，台北：前衛，1991.2.。
2. 陳逸雄〈陳虛谷生平雜憶〉，《台灣文藝》，期93，1985.3.。
3. 台灣新民報社編《台灣人士鑑》，同社刊行，1937.9.。
4. 黃武忠《日據時代台灣新文學作家小傳》，台北：時報文化，1980.8.。

張我軍

合力拆下破舊的文學殿堂——台灣新文學運動的號角

以一篇〈糟糕的台灣文學界〉砲轟台灣舊文壇，引發二〇年代台灣新舊文學論爭的詩人：張我軍，本名張清榮，一九〇二年，生於台北板橋，一九五五年，病逝，是人類學家張光直的父親。

張我軍，幼年時家境貧寒，一九一五年，公學校畢業後，因父親早逝，母親只好送他去當鞋店學徒，得老師林木土的幫忙，在一九一七年，進入新高銀行當工友，夜間至成淵學校補習，勤工儉學，於一九二一年，奉派至廈門支店，改名我軍，次年，廈門新高支行關閉，遂隻身北上，於一九二三年加入上海台灣青年會，次年，就讀北平師大附屬補習班，墜入愛河，與羅文淑（嫁張我軍後改名心鄉）熱戀，寫下台灣新文學史上的第一首現代詩（沈寂）：「一個Ｔ島的青年，在戀他的故鄉，在想他的愛人。」這位Ｔ島青年以他的熱情贏得美人芳心，「私奔」台灣，在林獻堂的證婚下，於一九二五年，共結連理。是年年底，

張我軍與夫人羅心薌
（圖片來源：《亂都之戀》）

1925.12.，台灣第一本現代詩詩集：
《亂都之戀》出版，此為遼寧大學重新
出版的書影，1987.6.。（林柏維提供）

出版了他們的愛情結晶《亂都之戀》新詩集，這是台灣新文學史上的第一本詩集。

　　回到台灣的張我軍，在《台灣民報》當編輯，以一連串嘻笑怒罵的文章猛烈抨擊舊文壇，〈為台灣的文學界一哭〉，認為傳統詩是〈絕無僅有的擊缽吟的意義〉，替舊文人〈揭破悶葫蘆〉，呼籲知識界〈請合力拆下這座敗草欉中的破舊殿堂〉。把舊詩人攻擊得體無完膚之餘，張我軍也孜孜不倦於新文學的創作，新文學的種苗自此在台灣的土壤中發芽。

　　一九二六年，張我軍再赴北京，考入中國大學文學系，次年，與蘇維霖、洪炎秋、宋斐如創辦《少年台灣》月刊。得吳承仕的關愛，轉學北師大國文系，一九二九年畢業，在北大、北師大、中國大學當日文講師，譯作不斷，名氣甚盛，儼然日文大家，譯作、著作等身。

　　一九三八年，中日關係惡化，張我軍臨危應聘為秦德純市長的社會局秘

書，及中日戰端開啟，卻被遺棄，因而從此執意不任公職。一九三九年，任北京大學教授。戰後回台，先後任職於省教育會、茶葉公會、合作金庫研究室，洪炎秋慨嘆他：懷才不遇。

張我軍是台灣新文學運動的號角、健將、開拓者。張我軍從事筆耕的精神是令人欽佩的；張我軍在台灣新文學史上的地位，就如胡適在中國新文學史上的地位一般，不容置疑。然而，時代的變遷，讓人驚覺人生戲劇性的變化，張我軍挑起台灣的新文學運動，同時期的黃朝琴在戰後官居高位，張我軍卻如弊徙般，被「棄置」於合作金庫的角落。

1994.1.11.《自由時報》副刊

張我軍在《台灣民報》發表的〈糟糕的台灣文學界〉，點燃台灣文學史上第一次的文學論戰。（圖片來源：《台灣民報》）

【參考書目】

1. 張我軍《亂都之戀》，瀋陽，遼寧大學，1987.6.。

2.《台灣民報》。

3. 秦賢次〈台灣新文學運動的奠基者張我軍〉，《傳記文學》，卷55期6，頁125-132。

4. 陳少廷《台灣新文學運動簡史》，台北：聯經出版公司，1977.5.。

5. 吳濁流〈新文學運動的雰圍氣〉，《台北文物》，卷3期3，1954.8.。

賴和

鬥鬧熱的一桿秤仔——台灣新文學之父

「**在**喧嘩的文學論戰的一旁，經由作品的實踐，努力於台灣新文學的開拓。」這是文學家王詩琅對台灣新文學之父：賴和的肯定與讚譽。「終其一生用白話文寫作，建立了台灣新文學反帝、反封建的寫實主義風格，為台灣反日民族解放運動和新文學鞠躬盡瘁。」這是《台灣文學史綱》作者葉石濤對台灣新文學之父：賴和的蓋棺論定。詩醫賴懶雲（葉榮鐘語）是台灣創作界的領袖（楊逵語），是台灣的魯迅（黃得時語），是現代台灣白話小說的開山始祖（林衡哲語）。

賴和，這位傑出的文學家，也是二○年代反日的社會運動家，更是彰化人口耳相傳的神醫。賴和，本名賴河，筆名懶雲、甫三，偶而以安都生、走街先、灰等行文創作，彰化市人，一八九四年五月二十九日生，祖父賴知，父親賴天送，母親戴允。一九○三年，進彰化公學校，一九○八年時，利用課餘，到「小逸堂」向黃倬其學習漢文，奠下根基深厚的漢學

底子。

　一九〇九年，賴和考進台灣最高學府總督府醫學校，為第十三屆，較蔣渭水高一屆，求學期間，校長高木友枝就常以：「將來的台灣會成為醫學校卒業生的台灣。」激勵學生向學。一九一四年，賴和畢業，先在嘉義病院實習，次年，與王草女士結婚，一九一六年，返回彰化，在市仔尾開設賴和醫院，行醫診療，口碑極佳，民間譽之為「和仔仙」，「閭里皆感恩，貧困多周濟，活人難以計，門庭若穿梭，不見稍衰替。」（陳虛谷語）賴和的醫術醫德使他在逝世後被謠傳為做了高雄城隍，墓草被迷信為可以治百病。

　一九一九年，賴和受聘到廈門鼓浪嶼的博愛醫院，痛感「人病猶可醫，國病不可醫，今無醫國手，坐視罹瘡痍。」兩年的中國旅居，但覺「四顧茫茫孤島嶼，昂頭無隙見蒼穹，此行未是平生志，思鄉長為別情牽。」於是辭職〈歸去來〉，重回彰化執醫。

　一九二一年，台灣文化協會成立，

賴和
（圖片來源：《台灣人士鑑》）

賴和在蔣渭水的推薦下，擔任理事，積極參與二〇年代台灣的政治、社會運動，是「中部青年中錚錚的人物，改革台灣的社會最熱心的青年。」在文化講演會上，為啟蒙運動的拓展而聲嘶力竭。一九二三年的治警事件，日治當局全島大檢舉文化協會成員，拘捕四十九人，賴和被捕監禁三週，「如何幾日無聊裏，已博人間志士名。」及出獄，蓄鬚以示新生，賦詩「悠悠縲絏中，忽焉將一月，豈無丈夫氣，豈無男兒血，悲欲示吾衰，聊與少年別。」

一九二四年六月，賴和與許嘉種成立了文化協會彰化支部，並且結合林篤勳、李君曜、陳英方等十二名醫師實行義診，發行「實費診療券」，幫助窮困民眾。一九二六年八月，與吳石麟辦彰化政談演説會、支持礦溪會辦全島雄辯大會，激起文化講演的最高潮。為了啟迪民智，賴和更在醫院內設置閱覽室，購入大量圖書，完全開放。

一九二四年，張我軍在《台灣民報》寫〈糟糕的台灣文學界〉，掀起

賴和
（圖片來源：賴和文教基金會）

台灣新文學運動，文學家賴和也因而誕生。一九二五年，賴和開始以《台灣民報》為舞台，替新文學「打下第一鋤，撒下第一粒種籽」（楊守愚語），發表第一篇白話文〈無題〉，第一首新詩〈覺悟下的犧牲〉，「我們只是一塊行屍／肥肥膩膩，留待與／虎狼鷹犬充飢。」對二林事件中，因替農民爭權益而被捕的戰友們，賴和把悲憫形諸於文字。

　　一九二六年，賴和在每天診療病患至夜間十點，始能得空提筆寫作的情境下，發表了台灣新文學史上的第一篇小說：〈鬥鬧熱〉，對舊社會習俗的敗壞提出了他的不滿。同年，另一篇小說〈一桿秤仔〉發表，反映了殖民統治者剝削與壓迫弱勢者的現實與悲哀。賴和以平實的、生活的題材勾勒社會現象，賴和以漢文做為寫作的表達文字，賴和以不虛矯的俚語及大量台灣話語入文，賴和運用文學創作以突顯種種不合理的社會現象。他的寫實風格、人道主義、批判性格不僅是他從此一貫的寫作特色，更是台灣新文學在二、三〇年代共同的風範。

　　一九二七年的台灣，呈現了社會兩極分化的現象，做為十位連任五屆理事、評議之一的賴和，寫〈前進〉一文以示悲痛，「失了伴侶的他，孤獨地在黑暗中繼續著前進。」左右分流的文化協會與台灣民眾黨正是他筆下分道而走的兄弟。寫〈赴會〉以慨嘆「道義人心兩已乖，朽櫟雖多是棄材。」在兩難的抉擇下，賴和把關懷社會運動的聽診器移向文學，在政治運動的洪流中逐漸退去。

　　一九二八年，賴和發表〈不如意的過年〉，細膩的描繪警察的統治心理。一九三〇年，以〈蛇先生〉反映農業社會下人們的知識貧乏

1924.6.17.，人才濟濟的文化協會彰化支部成立，賴和（後左4）、許嘉種為主幹，此為林篤勳（前左2）、溫成龍、吳起材、施至善、詹阿川 （後左1.2.5.7.）等同志合影。次年四月四日，彰化即增設員林支部。（李篤恭提供）

和迷信。以〈彫古董〉自傳式的敘述自己是「叛逆者的黨徒」。這一年九月，賴和發表了一百多行的長詩〈流離曲〉，「耕好了田卻歸於官吏／種好了稻竟得不到收穫／這麼廣闊的世間／就一個我怎這樣狹仄。」反諷所謂「土地拂下」（政府強行沒收「無主地」給退職官員）政策，透露農民流離失所的悲慘窘境。另一篇小說〈棋盤邊〉則嘲諷遺老有如「烏龜老鴇，唯兩件事，打雀燒鴉（打麻將和抽鴉片）」。

一九三〇年霧社事件發生，「所有的戰士已都死去……看我們現在，比狗還輸！」泰雅族的浴血抗日譜下了〈南國哀歌〉，賴和在事件後半年（一九三一年）寫下了台灣文學史上的第一首史詩。

不忘醫師職守的賴和，用他敏銳的詩人觸覺診斷社會，用小說體檢台灣的下層社會，他寫被統治者受〈辱？〉的憤怒，他寫不像是台灣人定型性格的〈浪漫外記〉，他寫蓄妾制度下的女人〈可憐她

1924.1.7.，賴和、蔣渭水、等29人因議會期成同盟會違反治安警察法事件被捕，於1923.12.22.坐台北監獄，是日被釋後合影，脫帽者為出獄人，戴帽者為出迎人。（圖片來源：賴和文教基金會）

死了〉，他寫脫離土地的知識份子〈歸家〉的虛脫和無所適從，他寫〈惹事〉青年的無力感，他寫〈豐作〉下被剝削的農民，他寫替平民爭權益而〈善訟的人的故事〉，他寫知識份子〈赴了春宴回來〉的妥協性格。

　　《台灣新民報》在一九三二年改為日刊，賴和與陳虛谷、林攀龍、謝春木負責學藝部門，楊逵在賴和的提攜下，因而嶄露頭角。一九三四年五月，台灣文藝聯盟在台中成立，眾人推舉賴和為委員長，他卻堅持讓賢，改由張深切擔任。

　　隨著中日戰端的緊張，一九三八年，賴和竟因「思想問題」被迫歇業半年，於是借道日本、東北到北京遊歷。然而本土色彩「過度強烈」的賴和，還是被當局藉口「違反醫師取締規則」為理由，於

一九四一年，再度拘捕入獄近兩個月，獄中以粗糙的衛生紙寫〈獄中日記〉，終因病重而被釋出獄，一九四三年一月三十一日，賴和的一生畫上了休止符。

　　是醫師、是社會運動家的賴和，在歷史上的定位卻是文學家，他悠遊於傳統文學和現代文學，最大的貢獻則是台灣新文學。賴和以白話文寫作、以社會面貌為題材、大膽使用台灣土語，血淚之間有著深沉的抗議，作品內涵流動著不滅的歷史生命，他不僅開拓了台灣新文學的國度，他也形塑了台灣新文學的風格。賴和用文學診斷日本統治下台灣下層社會的慘狀，賴和更成功的以文學鋪陳出被壓迫民族不滅的尊嚴。

1994.1.18.《自由時報》副刊，
《賴和研究資料彙編》下冊原文轉載1994.6.

改題改寫成〈醫國也醫民──台灣新文學之父：賴和〉
即本文，《醫望》期2，p47-50，1994.6.

【參考書目】

1. 〈昔日台灣社會中傑出的醫師〉,《八十年代》,卷 1 期 6,頁 77-83,1979.11.。

2. 林銘章〈賴和小傳〉,《傳記文學》,卷51期4,頁143-144。

3. 張恆豪主編《台灣作家全集:賴和集》,台北:前衛,1991.2.。

4. 李南衡主編《日據下台灣新文學明集1:賴和先生全集》,台北:明潭,1979.3.。

5. 林瑞明《台灣文學與時代精神:賴和研究論集》,台北:允晨,1983.12.

6. 林柏維〈二林事件(1925):日治時期台灣農民運動的發軔〉,《南台工商專校學報》期16,頁39-48,1992.10.。

7. 賴和紀念館編《賴和研究資料彙編》,彰化,彰化縣立文化中心,1994。

8. 陳少廷《台灣新文學運動簡史》,台北:聯經,1977.5.。

9. 吳濁流〈新文學運動的雰圍氣〉,《台北文物》,卷3期2,1954.8.。

楊逵

關不住的和平主義──文學與政治的送報伕

二〇年代台灣農民運動的要角：楊逵，本名楊貴，一九〇五年，生於台南新化，一九八五年逝世。一九一五年，西來庵事件發生那年，他進大目降公學校，目睹耳聞噍吧哖大屠殺的慘況，反日本帝國主義的意識因而在內心滋長。

一九二一年，楊逵自公學校畢業，未考上醫學校，於是到新化糖場當臨時工，次年，入台南二中（今台南一中），大量閱讀日本、俄國的文學作品。為了反抗童養媳的婚姻安排，於一九二四年，退學到東京，做零工讀補校，次年，考進日本大學文學藝術科，為了生活，做過送報伕、木工等臨時工，每至三餐不繼，這一段留學生活正是他日後寫《送報伕》的現實素材。

受到台灣本土社會運動及日本社會主義運動的影響，楊逵積極參與各式活動，一九二七年，與楊雲萍等人組織台灣青年會的社會科學研究部，聲援分裂後的新文化協會，是年，

狂飆的年

楊逵（林柏維提供）

楊逵（右1）於1924年到東京，半工半讀，這一生活記錄，是他寫《送報伕》的小說素材。（圖片來源：《楊逵畫像》）

更因聲援朝鮮人的反日演講而被捕，這是他從事反抗運動而被日方十次逮捕的序幕，隨即應文化協會的召喚返台，巡迴演講，加入台灣農民組合，在鳳山認識農運女傑葉陶，終成「革命鴛鴦」。一九二八年，楊逵任中央委員執掌政治、組織、教育三部，領導農民從事抗爭，卻因「竹林爭議事件」而離開農民組合，當選新文化協會的中央委員，認識賴和，文學種籽開始萌芽。

　　一九二九年，楊逵成為新文化協會的領導人（中央委員會議長），四月，在與葉陶的結婚典禮上，因日方另一波的大檢舉而雙雙被捕，在獄中度蜜月。相對於社會運動的「沈寂」，楊逵改以筆耕替代他失去了的戰場。

　　一九三二年，楊逵小說處女作《新聞配達夫》（送報伕）完成，兩年後，入選東京《文學評論》第二獎（第一名從缺），小說家楊逵，也開始了他以社會下層人物為素材的「抗議式的」「殖民地文學」。一九三四年，他加入台灣文藝聯盟，次年，創刊《台灣新文

學》，一九三七年，再度赴日，返台後經營首陽農園，終戰後，改稱一陽農園，發刊一陽周報。

二二八事件發生時，楊逵因寫了一篇〈從速組織下鄉工作隊〉，與葉陶被捕落獄四個月，一九四九年，《大公報》刊載了他撰寫的〈和平宣言〉，也因此被他自己所認同的祖國下獄綠島十二年。楊逵是樂觀的，失去自由的他，在獄中寫出了另一佳構〈春光關不住〉（即壓不扁的玫瑰花）。

楊逵以犀利的文筆，勾畫殖民統治的社會現象，他的作品在平淡中溢出深沈厚重的血和淚。他是小市民、下階層的代言人，他是壓不扁、關不住的和平主義者，他應該得到掌聲，然而榮采似乎與他無緣。

1994.1.4.《自由時報》副刊

1961年，楊逵從綠島回到台灣。
（圖片來源：《楊逵畫像》）

狂
飆
的
年
代

【參考書目】

1. 劉靜娟〈拿鋤頭在地上寫作：訪楊逵先生〉《中央月刊》，卷14期7，頁
   65-67，1982.5.。

2. 陳少廷《台灣新文學運動簡史》，台北：聯經，1977.5.。

3. 林梵《楊逵畫像》，台北：筆架山，1978.9.。

4. 楊翠《日據時期台灣婦女解放運動》，台北：時報，1993。

5. 戴國煇〈楊逵憶述不凡的歲月〉，《台灣史研究》，台北。遠流，
   1985.3.。

6. 陳芳明編《楊逵的文學生涯》，台北：前衛，1988。

7. 秦賢次〈台灣老作家楊逵坎坷的一生〉，《傳記文學》，卷46期5，頁
   69-71。

8. 胡子舟〈楊逵綠島十二年〉，《傳記文學》，卷46期5，頁72-75。

9. 吳濁流〈新文學運動的雰圍氣〉，《台北文物》，卷3期2，1954.8.。

吳新榮

放膽文章拚命酒──在鹽地裡耕耘文學的醫師

鹽分地帶文學的發起人：吳新榮醫師，一九○七年，生於台南將軍，漚汪公學校畢業後，入台南商業專門學校預科，深受林茂生的影響，因而關心文化協會的啟蒙運動，一九二五年赴日，插班岡山金川中學，醉心於自由主義，發表處女作〈朋友呀！睨視那鬥爭的奔流〉，開始他的文學生涯。

一九二八年，吳新榮考入東京醫專，寫作之餘仍介入社會運動，參與東京台灣青年會，創刊《南瀛會誌》、《里門會誌》。次年，日本警方大逮捕共產黨（即四一六大檢舉），吳新榮受到牽連而入獄。一九三二年，自日返台，接手經營叔父吳丙丁的佳里醫院，成為名副其實的草地醫生。

一九三三年，吳新榮和郭水潭組織「青風會」，為建設地方文化、推動新文學而努力，一時間，鹽分地帶（台南縣北門地區）文風鼎盛，成為台灣新文學的重鎮。一九三四年，張深切的台灣文藝聯盟成立，吳新榮為佳

狂飆的年代

吳新榮
（圖片來源：《震瀛回憶錄》）

準備外出診療的吳新榮
（圖片來源：《震瀛回憶錄》）

里支部負責人，次年，楊逵創辦《台灣新文學》雜誌，一九四一年，張文環創辦《台灣文學》、金關丈夫主編《民俗台灣》，吳新榮皆傾全力支持，把「本行的醫業當成副業，而把文化事業當正業」（吳南星語）。寫作、行醫兼民俗採訪，使這位滿腦子醫國醫人的作家成為罕見的窮醫生。

終戰後，賦詩〈祖國軍來了〉，「半世為奴隸，今而喜欲狂。」然而，夢碎二二八，參與三青團工作的吳新榮，反使父親吳萱草無端被誣通匪遭捕，自己也被捕下獄，青年時期矢志「解放台灣以求政治自由」、「改造社會以求經濟平等」的理想，因而轉換為「現實主義」，沈潛於文獻的整理。

一九五二年，吳新榮出任台南縣文獻會委員兼編纂組長，次年，主編《南瀛文獻》並主修《台南縣志稿》，一九五四年，再次繫獄四個月，一九六二年被選為鯤瀛詩社社長，一九七六年病逝。

吳新榮是少數中日文造詣皆佳的本

1952年，吳新榮出任台南縣文獻會委員兼編纂組長，次年，主編《南瀛文獻》，此為第1卷第2期的內頁，顯示吳新榮已投入田野調查的工作。（圖片來源：《南瀛文獻》）

土作家，在戰後多數作家面臨文體轉換的困境而封筆之際，他則專注於民俗、文獻的寫作，為文化的保存而奉獻所有精力。

鹽分地帶文學的建立及擴散，因吳新榮而起，一個不毛之地的荒原，竟是日治時期人文薈萃的綠洲，楊逵說他們那時是「放膽文章拚命酒」，為的就是散播本土文學的種籽：「我的心臟呵！裂裂響到天地的四方。」

誓做良醫良相的吳新榮，是不務正業的醫師，他是在文學的鹽壤裡耕耘的作家，他也是關懷台灣民主政治的文化人，卻以歷史文獻的整理者做為他後半生的終結。

1993.11.16.《自由時報》副刊

改題改寫成〈醫學是本妻‧文學為情婦──鹽分地帶文學的掌門人：吳新榮〉，《醫望》期4，p30-34，1994.10.

狂飆的年代

【參考書目】

1. 〈昔日台灣社會中傑出的醫師〉，《八十年代》，卷 1 期 6，頁 77-83，1979.11.。

2. 張良澤〈吳新榮先生傳略〉，《夏潮》，卷2期4，頁59-60，1977.4.

3. 楊逵〈追思吳新榮先生〉，《夏潮》，卷2期4，頁60-61，1977.4.。

4. 吳南星〈父親的生平逸事〉，《夏潮》，卷2期4，頁61-64，1977.4.。

5. 吳新榮〈吳新榮作品選〉，《夏潮》，卷2期4，頁64-66，1977.4.。

6. 茅漢〈兩腳立地的醫生作家〉，《八十年代》，卷3期5，頁88-96，1981.12.。

7. 關志昌〈吳新榮小傳〉，《傳記文學》，卷49期5，頁138-140。

8. 張良澤編《吳新榮全集》，台北：遠景，1981.10.。

9. 陳芳明〈台灣左翼詩派的掌旗者——吳新榮作品試論〉，油印稿。

10. 陳少廷《台灣新文學運動簡史》，台北：聯經，1977.5.。

張深切

生來就帶反骨的野人——黑色的太陽

誓做孤獨的野人、不加入任何黨派的作家張深切，一九〇四年生，南投草屯人，一九一三年，始剪辮入公學校受日式教育，十四歲時，在同學間放言高論，說：「我們為什麼不能講台灣話呢？鳥兒有鳥兒的話，猴猻有猴猻的話。」因此，被校方毒打後退學。遂隨林獻堂赴日，開始他輾轉於中日台三地的坎坷歲月。

一九一七年，張深切進東京礫川小學，願做日本人，卻事與願違，被劍道教練辱罵為清國奴，始覺悟自己是中國的台灣人。一九一九年，入豐山中學，次年，轉入化學工業學校，一九二二年，又轉學青山學院中學部，於一九二三年，輟學回台，旋赴上海。

張深切踏上夢土中國，卻大失所望，乃於一九二五年，南下廣州，考進中山大學政治系，捲入中國革命的洪流。一九二七年三月，張深切與郭德欽、張月澄、林文騰組織「台灣革命青年團」，主張「重新建立了台灣獨立

張深切（圖片來源：《台灣風物》）

張深切（圖片來源：《夏潮》）

革命的旗幟……一方面實際的協力中國革命而求台灣的解放。」創刊《台灣先鋒》。五月，回台活動，領導台中一中的罷課學潮，遭逮捕入獄三年。

張深切在獄中思考政治、社會運動的種種困境，決定不加入任何黨派，願做孤獨的野人，批判林獻堂的議會路線，指責文化協會、民眾黨、自治聯盟等的缺失。一九二九年，出獄後，自組「台灣演劇研究會」，企圖以新劇喚醒民族意識。一九三二年，再到上海，編《江南正報》副刊，次年，回台任職於《東亞新報》。

為使台灣文學在沒有路線之間，築出正確的路線，張深切結合全島文人成立「台灣文藝聯盟」，以為「對異族表示了堅毅不移的抵抗」，創刊《台灣文藝》，開創了台灣新文學運動的顛峰。

七七事變後，張深切無法「忍看江山淪陷」，前往北京「共赴國難」，任教於北平藝專，辦《中國文藝》以鼓舞民心士氣，終戰前，被捕。戰後，回台擔任台中師範的教務主任，二二八

1934年，張深切結合全島文人成立台灣文藝聯盟，此幀為成立大會合照。（圖片來源：《台北文物》）

1935年，台灣文藝聯盟第二次大會。（圖片來源：《里程碑》）

張深切的小說《遍地紅》書影

事起，祖國派的他竟被指為共黨首領，只得亡命南投中寮山區，從此，祖國夢碎，回首重拾文藝創作，仰天一望的青天白日已是黑色的太陽，祖國河山遍地紅，無奈當個邱罔舍。作品有：《我與我的思想》、《台灣革命運動史略》、《遍地紅》等。

　　一九五七年，張深切自編自導《邱罔舍》台語片，得首屆影展最佳故事金馬獎，晚年開「古典咖啡」沙龍維生，一九六五年，病逝。

　　失去了政治舞台，就如《黑色的太陽》（自傳）一般。張深切一生路途曲折，在時代的夾縫中生存，扮演的角色多樣化，看似繽紛，卻也滲透著他在烏雲覆天之際，渴望陽光的無奈和悲愴。他的好朋友洪炎秋為他的一生做了最好的注解：「生來就帶反骨，老跟惡勢力爭鬥。」

1993.10.12.《自由時報》副刊

【參考書目】

1. 張深切《里程碑》（又名：黑色的太陽），台中：聖工出版社，1961.12.。

2. 張深切《我與我的思想》，台中：撰者印行1965.7.。

3.〈張深切先生逝世紀念特輯〉，《台灣風物》，卷 15 期 5。

吳濁流

以文學映照歷史的詩人——亞細亞的孤兒

傳統詩人,卻以小說成名的吳濁流,本名吳建田,新竹新埔人,一九〇〇年生,一九七六年逝世。

一九一〇年,吳濁流入新埔公學校,一九一六年,考上總督府國語學校師範部,一九二〇年,自台北師範(原校更名)畢業,回鄉任照門分教場主任,自此展開二十年的粉筆生涯,次年,因發表〈論學校與自治〉的論文,被當局認為思想偏激,而於一九二二年,降調苗栗四湖公學校,一九二四年,再遷五湖分教場。

一九三六年,吳濁流受日籍女教師神川的刺激,得有創作小說處女作〈水月〉,於是小說作品陸續出爐。一九三七年,升任關西公學校首席訓導,是年,七七事變爆發,台灣施行軍國民教育,吳濁流憤慨其有違正規教育,起而抗爭,隨即被降調馬武督分教場,一九四〇年,為抗議郡視學(督學)凌辱本島教師,憤而辭職,文學之夢也醒了!遂於一九四一

吳濁流
（圖片來源：《台灣文藝》）

第一屆台灣文學獎，前排左6吳濁流。（圖片來
源：《台灣文藝》）

年，前往南京，擔任《大陸新報》記者，一九四二年，回台任職《台灣日日新報》記者。

中國經驗和日本統治的生活體驗，使吳濁流深深感受到台灣人在歷史的鐘擺裏，無法掌控自我的無奈和悲苦，遂自一九四三年起，偷偷撰寫《胡志明》長篇小説，一九四五年五月完稿，次年，分為四篇發行，這四篇日文小説即後來合併刊行之《亞細亞的孤兒》，寫出跨越中日台三地之台灣人的尷尬處境，這本映照知識份子錯置於歷史空間的鉅著，被公認為是台灣文學的成功典範。

一九四八年，吳濁流任大同工職訓導主任，一九四九年起，任職於機器同業公會，至一九六五年退休。

一九六四年，吳濁流創辦《台灣文藝》雜誌，並於次年辦台灣文學獎，一九六九年，設立「吳濁流文學獎」，自籌營運經費，以培植文學新秀，文學家張良澤譽之為：「傲骨凜然的獨行俠，沿門托缽的文化人。」

　　二二八事件顯然給予吳濁流極大的衝擊，事件之年，他寫《黎明前的台灣》，次年，發表《波茨坦科長》，一九六七年，寫回憶錄《無花果》，卻皆成為戒嚴體制下的禁書，難怪他要感嘆〈歷史有很多漏洞〉；顯然，吳濁流十分痛心於二二八前後的歷史，台灣人的無有歸屬，該是吳濁流內心最深沉的吶喊吧！於是，再於一九七三年，寫出《台灣連翹》的自傳續篇，提供了彌足珍貴的戰後史料。

　　從一位敬業的小學教師到文學大師，吳濁流以文采之筆勾勒亞細亞孤兒的萬般矛盾，以樸實之文素描歷史現象，他反對「拍馬屁的文學」，他堅守文學即生活的立場。

1993.10.19.《自由時報》副刊

第二屆吳濁流文學獎，前排右1吳濁流。（圖片來源：《台灣文藝》）

狂飆的年代

【參考書目】

1. 黃武忠《日據時代台灣新文學作家小傳》，台北：時報文化，1980.8.。

2. 吳濁流《吳花果一台灣七十年的回想》，台北：前衛，1988。

3. 林正言〈吳濁流小傳〉，《傳記文學》，卷48期3，頁141-142。

4. 吳濁流〈新文學運動的雰圍氣〉，《台北文物》，卷3期2，1954.8.。

5. 呂興昌《鐵血詩人吳濁流》，台灣文藝，1984.。

6. 葉石濤《台灣文學史綱》，文學界。

鍾理和

白薯的悲哀——倒在血泊裡的筆耕者

一九五〇年代台灣鄉土文學作家的代表：鍾理和，一九一五年生，屏東人，幼年時先進私塾讀漢學兩年，再進鹽埔公學校，畢業後報考高雄中學，竟因體檢不合格而落榜，只得就讀長治公學校高等科（兩年），這期間，鍾理和受到異母兄弟鍾和鳴的影響，大量閱讀五四以後的新文學作品，畢業後，開始寫作，處女作〈雨夜花〉得到鍾和鳴的激賞，於是毅然走向文學創作的不歸路。

一九三三年，鍾理和隨父親遷居美濃尖山，在父親經營的農場當助理，次年，與比他年長數歲的鍾台妹女士墜入情網，因〈同姓婚姻〉無法見容於鄉里，乃於一九三八年，隻身遠赴東北，進滿洲自動車學校，習得謀生技能。一九四〇年冬，他回台攜鍾台妹私奔，〈奔逃〉至瀋陽，在生活困頓的壓迫下，於次年遷居北平，以為「原鄉人的血必須流返原鄉，才會停止沸騰！」他先在華北經濟調查所任譯員三個月，嘗到了〈白薯的悲哀〉，在民

年輕年時的鍾理和
（圖片來源：《鍾理和全集》）

1940年時的鍾理和
（圖片來源：《鍾理和全集》）

族認同的矛盾下辭職，由妻子經營煤炭店，他則全心寫作。

一九四五年，鍾理和的第一本小説集《夾竹桃》，由馬德增書店出版，強烈批判中國的傳統包袱和民族劣根性，次年，他舉家從〈祖國歸來〉，在屏東內埔中學當代用教員，豈料肺病纏身，從一九四七年起，他住進松山療養院三年，割去七根肋骨。

一九五〇年，耗盡家財治病，幸得〈新生〉的鍾理和，卻也同時喪失了他最摯愛的二哥：鍾浩東（即鍾和鳴，時任基隆中學校長，死於白色恐怖）。

「把光復後台灣農村疲憊、凋零、荒蕪、窮苦描畫透徹」（葉石濤語）的鍾理和回到了〈故鄉〉美濃，貧病交迫，不離病榻，猶筆耕不輟，全賴鍾台妹打工、餵豬、盜林等，維持家計，「我對不起勞苦憔悴的妻、駝背的長子、和已死的次兒，良心像一條鞭，日夜抽打著我。」而〈野茫茫〉的〈雨〉並沒有搏倒這一對〈貧賤夫妻〉。

鍾理和一生的生活經驗和藝術的

結晶《笠山農場》，這部一九五〇年代鄉土文學的代表作，終於得到「中華文藝獎」長篇小說第二名（首名缺）的肯定，然而他卻仍在為〈薪水三百元〉而〈浮沈〉於短暫的代書工作。一九六〇年，鍾理和喀血修訂作品〈雨〉時，也嘔盡了他的生命。

掌聲總是在落幕後響起，鍾理和活在歷史的夾縫裡，生存於文章價賤的年代，文學評論家張良澤，在一九七六年為鍾理和主編全集出版，他說：「跨越兩個時代，足跡遍歷台灣、日本、中國北方，一生貧病潦倒而默默筆耕的鍾理和，死後才被發掘是台灣作家群中的一顆彗星。」作家陳火泉則以「倒在血泊裡的筆耕者」，肯定鍾理和對台灣文學的貢獻。

1994.5.9.《自由時報》副刊

1941年時的鍾理和
（圖片來源：《鍾理和全集》）

1964. 10. ，吳濁流創辦的《台灣文藝》，在第5號推出〈鍾理和紀念特集〉，此為封面書影。

【參考書目】

1. 張良澤編《鍾理和全集》，台北：遠景，1976.。
2. 張良澤《倒在血泊裏的筆耕者》，台南：大行，1974。
3. 葉石濤《台灣文學史綱》，文學界。

藝術大師

張維賢

孤獨的靈魂——台灣新劇第一人

二〇年代文化協會成立後，所推展的啟蒙運動也漸及於戲劇的改革，「文化戲」一時之間成為台灣社會的風向，新式劇團如雨後春筍般興起，有彰化鼎新社、草屯炎峰劇團、新竹新光社、台南文化劇團、台北星光演劇研究會等，紛紛在台灣各地演出，而其共同的特質是寄啟迪民智於演劇，藏反日意識於劇情。

台灣新劇第一人：張維賢，本名張乞食，筆名耐霜，台北人，一九〇五年生，畢業於曹洞宗中學。在二〇年代，張維賢深受啟蒙運動的影響，於是結合了同是「無產青年」的王萬得、潘欽信、陳期棉、陳明棟等「摘星體育會」的成員組織了「台灣藝術研究會」，試演胡適的作品《終身大事》，雖是業餘演出，卻廣受好評，然而，因成員對戲劇的不同主張，導致成立不滿一年，藝術研究會即解體，張維賢只好另組「星光演劇研究會」，標榜「打破舊習、改良風俗和以演劇教化社會」做為目標。

張維賢
（圖片來源：《台灣人士鑑》）

一九二六年春假期間，星光演劇會到宜蘭演出五天，由於話劇演出過於逼真，觀眾入戲過度，其中戲碼《芙蓉劫》演出時，台下觀眾嗚咽不絕，另一齣《火裡蓮花》對壞人的惡形惡狀，演出過於逼真，竟使觀眾躍上舞台，欲毆打飾演壞人的演員。這樣的演出的確有別於文化協會系統的文化劇，更能引起觀眾的共鳴。對張維賢所領導的星光演劇研究會，葉榮鐘有這樣的評價：「是以追求藝術的熱情從事有組織、有理想

1927年，星光劇團第三回演劇大會，2排左1為張維賢。（圖片來源：《台北文物》）

的運動。」可惜，受限於資金短缺，非專業性以及統治當局的政策干涉（劇本檢驗核可制），在為施乾的愛愛寮募集基金的義演後，舞台消失，星光殞落。這一年，張維賢、周合源、施乾三個「乞食頭」和林斐芳等人組織孤魂聯盟，宣揚無政府主義，他說：「孤魂即為生前孤獨，死後仍無倚靠的可憐靈魂之謂，其悲哀恰如吾人無產階級農民現代的生活。」

為了提升演劇的水準，張維賢在指導完宜蘭民烽劇團後，在一九二八年底，到日本東京築地小劇場學習戲劇，以兩年的時光，浸淫於早稻田大學的坪內逍遙演劇圖書館，回台後，立即組織民烽演劇研究會，不滿當時藝術界的劣象，他抨擊「所謂的藝術的現代藝術家，他們攀緣附勢，阿諛奉承，譁眾取寵的行為，成為特權階級的玩物。」為改革這樣的風氣，他招募成員，聘請連橫、謝春木、黃天海、吉宗一馬、楊三郎、余樹為講師，提昇研究會的水準。兩年後，張維賢再到東京舞蹈學院學韻律舞，一九三三年，民烽演劇會終於在永樂座展現了「台灣初次唯一的新劇公演」。王詩琅認為：張維賢「是在譏諷世相，以表現他的藝術觀，以及思想之一端，經過這一次的公演，張維賢演劇藝術的才華終於獲得各界肯定。」並被譽為台灣新劇第一人。

張維賢（林柏維提供）

然而，戰爭及隨後的局勢，澆熄了張維賢的演劇生命，後來他經商、

1933，民烽演劇研究會在台北市蓬萊閣成立。（圖片來源：《台北文物》）

開西餐廳、開墾山林、投資製片、養雞，皆非所長，而一事無成，在
一九七七年，揮別了他的人生舞台。

1994.5.30.《自由時報》副刊

【參考書目】

1. 張維賢〈我的演劇回憶〉，《台北文物》，卷3期2，頁105-113，1954.8.。

2. 耐霜（張維賢）〈台灣新劇運動述略〉，《台北文物》，卷3期3，1954.8.。

3. 呂訴上《台灣電影戲劇史》，台北：銀華出版部，1961.9.。

江文也

白鷺之島的血液——譜民族音樂的大師

台灣的蕭邦，《台灣舞曲》的作者：江文也，一九一〇年六月，生於台北縣三芝。十九歲，畢業於日本長野縣上田中學，進入東京武藏高等工業學校電器科。基於對音樂的濃厚興趣，在一九三二年畢業後，投入日本音樂大師山田耕作門下，隨即連續兩年獲得日本全國音樂比賽聲樂獎，一鳴驚人。

一九三四年，江文也參加楊肇嘉的「鄉土訪問演奏會」，回到台灣巡迴表演，聲名大噪。是年起，以《白鷺的幻想》、《盆踊主題交響組曲》、《潮音》、《賦格序曲》連續四年獲得日本全國音樂賽的作曲獎，奠定了他在日本樂壇的地位，得到俄國音樂家齊爾品的賞識和大力推介。

一九三六年，江文也以管弦樂《台灣舞曲》獲得柏林奧運作曲比賽特別獎；次年，在萬國博覽會演奏《生蕃之歌四曲》；一九三八年，以鋼琴曲《斷章小品》得到威尼斯國際音樂節作曲獎，當時，江文也未滿三十歲，已是

江文也
（圖片來源：《台灣人士鑑》）

江文也（前右）與留學日本的台灣學生，後左1為
郭芝苑。（圖片來源：《台灣前輩音樂家群像》）

國際級的音樂家。

　　追求總不如捨棄，江文也在盧溝橋事件次年，定居北京，捨棄在日本樂壇如日中天的尊崇地位，任教師大，培育中國現代音樂的種籽，埋首中國民俗音樂的研究，在傳統中尋出生命力，創作《中國民歌百首》、《孔廟大成樂章》，著述《中國古代正樂考》，為五聲音階的民族音樂注入新活力。

　　歷史的巨變，使江文也難以免除亞細亞孤兒的共同命運，一九四五年，坐「漢奸」獄，一九五七年，下放勞改，一九六六年，慘遭文革十年的批鬥，苦難期間仍致力於台灣歌謠的創作，一九八三年十月，在紅色中國隕落，逝世前猶著手創作《阿里山歌聲》，歌聲未歇，卻已客死異鄉。

　　「南海那個美麗的白鷺之島，血液是無比的美麗，優秀的，我抱著它而生，而將死去。」江文也一生，始終以台灣做為音樂創作的泉源，他漂泊在外，思念故鄉，只好將對台灣的想望寄託在《第三、第四、第五交響曲》的音

符中。

　　江文也是海峽兩岸現代音樂史上最傑出的音樂家。

　　江文也是屬於台灣的，他不應被無意的、刻意的漠視，他絕對是
台灣的榮耀！

　　　　　　　　　　　　　　　　1993.7.20.《自由時報》副刊

【參考書目】

　1.《音樂大師江文也》，台北：台灣文藝，1984.。

　2. 關國煊〈江文也小傳〉，《傳記文學》，卷51期3，頁145-148。

　3. 林衡哲《現代音樂大師：江文也的生平與作品》，台北：前衛，1988.9.。

　4. 謝里法《台灣出土人物誌：被埋沒的台灣文藝作家》，台北：前衛，1988.。

　5. 楊肇嘉《楊肇嘉回憶錄》，台北：三民書局，68.12.。

　6. 吳玲宜《台灣前輩音樂家群相》，台北：大呂，1993.2.。

黃土水

水牛群像——雕塑台灣心靈的巨人

台灣的羅丹、〈水牛群像〉的作者黃土水，一八九五年，生於台北艋舺的貧寒人家，十一歲時，就讀於艋舺公學校，再轉學大稻埕公學校，進而考進國語學校師範科，畢業後，當了六個月的延平公學校訓導。在黃土水踏出校門前，他的藝術天分已為校長志保田所挖掘，並為他申請到東洋協會的獎助金，於一九一五年，進入東京美術學校，拜高村光雲為師。

受到父兄為木匠的薰陶及住家附近佛彫舖的影響，黃土水對木彫技法已頗有心得，進入美術學校後，更發奮學習，經常以地瓜粥為食止飢，不停地工作，幾近廢寢忘食，終於得到最佳成績。然而，當他拿到畢業證書時，竟在文學家張深切的面前，撕毀這眾人夢寐以求的文憑。

一九二○年，黃土水再上美術學校的研究班，成為朝倉文夫的學生，受到他的影響，黃土水的作品更加富有寫實風格，刻痕細

黃土水
（圖片來源：《台北文物》）

1920年，黃土水的作品〈蕃童〉，入選
第二回帝國美展。（圖片來源：《台灣
青年》卷1號5）

膩，意象含蓄而感情自然流露。是年，
〈蕃童〉作品入選第二回帝國美術展
覽會，是台灣第一位入選帝展者，年方
二十四，黃土水即已揚名藝壇。

一九二一年，黃土水再以〈甘
露水〉大理石裸女彫塑入選第三回帝
展，一九二二年，又以泥塑石膏作品
〈女人的姿態〉入選第四回帝展，一
九二三年，以銅鑄彫塑水牛〈郊外〉入
選第五回帝展。

如此傑出的成就，卻仍無法滿足那
源自故鄉的呼喚的創作慾念，一九二二
年，研究班畢業後，黃土水回台短暫
居留，在艋舺租下碾米廠做為工作室，
對他情有獨鍾的水牛細加觀摩研考，熟
習水牛結構和習性，開始了他一系列的
「水牛」創作，作品風格大轉，擺脫了
學院路線，藝術大師的風範已然形成。

黃土水掌握了台灣的心靈脈動，他
彫塑生命，也彫塑台灣，為水牛塑像，
正是擁抱鄉土的象徵。一九三〇年，
完成了他一生的最後代表作：〈水牛
群像〉，九尺高、十八尺長的巨幅浮彫

1921年，黃土水的作品〈甘露水〉，入選第
三回帝國美展。（圖片來源：文建會台灣網
路美術館）

1922年，黃土水的作品〈女人的姿
態〉，入選第四回帝國美展。（圖片來
源：《台灣》年3號8）

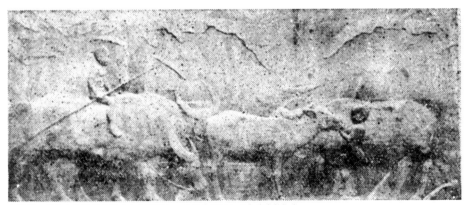

1930年，黃土水的最後作品〈水牛群像〉。（圖片來源：《台北文物》）

（現存放於台北市中山堂），以寫實的技法展現了靜謐祥和、質樸純真的台灣特性。然而，他也因此積勞成疾，於是年年底，以三十五歲的英年而早逝。

　　藝術生命的源泉，就在自己的故鄉，黃土水踏實的在自己的故鄉為水牛製像，他是台灣新美術史上的第一位彫刻家，他的成就更是台灣現代美術的典範。

1993.8.10.《自由時報》副刊

黃土水（林柏維提供）

【參考書目】

1. 邱奕松〈黃土水小傳〉，《傳記文學》，卷51期5，頁139-140。
2. 謝里法《台灣美術運動史》，台北：藝術家，1992.5.。
3. 謝里法〈台灣近代雕刻的先驅者：黃土水〉，《雄獅美術》，期98，1979.4.。

陳澄波

我就是油彩——台灣新美術的先驅

繼**黃**土水之後，入選日本帝國美展的畫家：陳澄波，一八九五年，生於嘉義，其母親早逝，父親續絃，所以自幼即由祖母林寶珠撫養。一九〇八年，陳澄波寄養於二叔家並就讀嘉義第一公學校，一九一三年，他考進總督府國語學校（台北師範前身），受知於石川欽一郎，以繪畫為志業的心願已經萌芽。

一九一七年，陳澄波自師範畢業，先後任職於嘉義水上公學校及湖子內分校，擔任訓導，難抑心中學習西畫的慾望，於是辭職，在一九二四年，考進東京美術學校圖畫師範科，並且利用夜晚到岡田三郎助的本鄉研究所學習油畫。一九二六年，陳澄波的努力得到了肯定，他的作品〈嘉義街外〉入選第七回帝國美展，是台灣第一位入選帝展的畫家，引領了台灣新美術運動的風潮。次年，他升入研究科，〈夏日街頭〉再度入選帝展。一九二八年，他的作品〈龍山寺〉入選第二回台灣美展，一九二九年，又以〈早春〉三度入選帝

陳澄波
（圖片來源：《台灣人士鑑》）

嘉義街外，1926入選帝展第七回之作。
（圖片來源：文建會台灣網路美術館）

展，〈夏日的早晨〉入選台展，次年〈裸婦〉四度入選帝展，陳澄波在畫壇獨領風騷的地位，成為台灣人至上的榮采。

一九二九年，陳澄波自東京美術學校研究科畢業，返台後，接受中國畫家王濟遠的邀請，攜家遠赴上海，任新華藝專西畫科及昌明藝專西畫科主任，並兼職於上海藝苑，畫風因而受到傳統水墨寫生的影響。

一九三三年，陳澄波回到故鄉，靠微薄的家產渡日，次年，與顏水龍、李石樵、立石鐵臣等另組「台陽美術協會」，舉辦畫展，與「台展」分庭抗衡，這一年，他的作品〈西湖春色〉五度入選帝展。

終戰後，具「祖國」經驗的陳澄波，對新時局抱以樂觀的期許，一如他的創作觀：「我們觀察自已，研究自已，了解自已的長短，並且向正確的道路精進。」參加歡迎國民政府籌備會，任副會長，加入三民主義青年團，任嘉義市自治協會理事，獲選為嘉義市參議

員。二二八事件中，以熟習「國語」，被推選為十二名「和平使」之一，至水上機場協商，竟因此被國民黨軍隊綁赴嘉義車站，當眾槍斃。

「我就是油彩，不知生長於何時何處，在吱呀、吱呀的響聲裡，『壓』的一聲，我變成了粉末，好久好久，我才乾成一幅畫，掛在畫展的會場。」陳澄波對藝術的執著，就如他對鄉土一般，然而「祖國」這一擺盪於他內心的鞦韆，卻盪走了他的粉彩，留下的是他在歷史長廊中美麗卻又悲哀的畫像。

1994.4.25.《自由時報》副刊

陳澄波
（圖片來源：文建會台灣網路美術館）

陳澄波
（圖片來源：《台灣人士鑑》）

狂飆的年代

【參考書目】

1. 林惺嶽《台灣美術風雲40年》，台北：自立，1987.10.。
2. 謝里法《台灣美術運動史》，台北：藝術家，1992.5.。
3. 《台灣美術全集：陳澄波專輯》，《藝術家》期 201，1992.2.。
4. 謝里法〈學院中的畫家素人畫家陳澄波〉，《雄獅美術》期106，1979.12.。
5. 李欽賢〈日本水彩畫壇與石川欽一郎〉，《雄獅美術》期173，1986.7.。

藍蔭鼎

農村是他的生命、生活——台灣鄉土畫家

畫壇孤星藍蔭鼎，宜蘭羅東人，一九〇三年生，一九七九年逝世。由於母親劉治為偏房，自幼即與母親在外相依為命，生活至為艱困，成長過程的孤寂，培育出他獨來獨往的堅韌特性。

一九一四年，藍蔭鼎自羅東公學校高等科畢業，任職母校，兼教美術，後來因辦學生畫展，在一九二四年北上，邀請台北第二師範學校的石山欽一郎教授（台灣西畫界的啟蒙人）擔任評審，因緣際會，反而受到石川的賞識，收為門生，得以每月支領四十元的獎學金到台北第二師範學校學習水彩畫，承襲了石川的做畫風格與技法。由於老師的薰陶，藍蔭鼎穿著講究、文質彬彬，手腕上常掛著一把洋傘，因而有「英國紳士」的雅號。

一九二六年，獲石川推薦，藍蔭鼎任教於台北第一、第二女子高校，這對於一個未受正規美術教育的公學校畢業生而言，實為最大的肯定和期許。一九二七年，自台灣美術展覽

狂飆的年代

會（即台展）成立起，藍蔭鼎的作品每
回皆入選，此外，也曾入選帝國美展、
中央美展。是年，赴日作短期進修。
一九二九年，取得英國水彩畫協會會員
資格，一九三七年，在羅馬舉行首次個
展。

　　藍蔭鼎的繪畫題材定型於台灣鄉土
民情，作品中每見牛車鴨群或竹林田舍
或廟寺農民；慣用重疊法，以多層次的
繪畫技巧表現出水彩畫的明朗和柔和。
他對於現代派的繪畫始終持反對的態
度，認為：「美的觀感不是自私的，應
該要能獲得大眾的共鳴。」由於他的堅
持，而使自己在台灣美術界愈顯形單影
孤，卻也在台灣美術史上獨樹一幟。

　　一九四六年，藍蔭鼎應省黨部
邀聘，擔任《台灣畫報》社長兼總編
輯，一九五一年，透過美國新聞處許伯
樂的推介，得到美援，創刊《豐年》雜
誌，關懷農村生活。一九五四年，應美
國國務院邀請赴美訪問，一九五八年，
美國新聞處特地為他在歷史博物館，開
旅美寫生水彩畫展，這也是他在台灣唯

藍蔭鼎
（圖片來源：《台灣人士鑑》）

一的畫展。

　　一九七一年，藍蔭鼎的成就受到歐洲藝術評論學會和美國藝術評論學會的共同肯定，推薦他為第一屆世界十大水彩畫家。晚年的他，撰述《鼎廬小語》、《鼎廬隨筆》，並在報刊連載《畫我故鄉》圖文系列。

　　藍蔭鼎是台灣美術史上的孤星，《台灣美術運動史》作者謝里法說他：「雙腳踩的是鄉野的泥土，雙手沾的卻是社會最上層的光和彩。」農村就是他的生命，就是他的生活，做為水彩畫大師，他眷念於家鄉的萬般景物，他始終堅持鄉土路線。

1916-1925年，藍蔭鼎在他畢業的學校羅東公學校任教的。（圖片來源：羅東國小）

　　　　　1993.9.28.《自由時報》副刊

【參考書目】

1. 李欽賢〈謳歌快樂農村的水彩畫家：藍蔭鼎〉，《台灣近代名人誌》，冊5，頁247-260，台北：自立，1990.10.。

2. 施翠峰〈藍蔭鼎專輯〉，《雄獅美術》期108，1980.2.。

3. 李欽賢〈日本水彩畫壇與石川欽一郎〉，《雄獅美術》期173，1986.7.。

4. 謝里法《台灣美術運動史》，台北：藝術家，1992.5.。

5. 林惺嶽《台灣美術風雲40年》，台北：自立，1987.10.。

6. 李欽賢《台灣美術歷程》，台北：自立，1992.6.。

輯八

慈悲喜捨

黃玉階

製煉靈丹醫黑死病——放足斷髮開風氣

日軍征台時，廣勇變土匪，力主「開台北城門以迎日軍」的台北仕紳：黃玉階，是活人無數的名中醫，一八五〇年生，台中梧棲人，幼年時隨黃邦學漢文，十九歲時，向漢醫李清機學醫術，一八七五年，他自營醫館，開始懸壺濟世，一八八二年，遷居大稻埕，經商賣醬菜，並繼續行醫，偶然間聽了袁了凡的「功過格」，自此勵志向佛，終生持齋不娶。一說是黃玉階因精於國術，年少時因打架錯手殺人，痛悔前非而皈依佛門。一八八三年，黃玉階捐資三千倡設「普願社」，建講堂，宣揚善書奧義，引導民心向善。

中法戰爭後的一八八六年，黃玉階獲授五品軍功。

日治前後，台灣疫癘甚為猖獗，霍亂、鼠疫（黑死病）等流行病蔓延之處，死亡無數，令人聞之色變，黃玉階為此鑽研治術，奔波各地，施藥診療，一八八四年，台北的霍亂大流行，被他救活的就有七、八百人。黃玉階更把

黃玉階
（圖片來源：《台灣列紳傳》）

日本統治二十年後，二水宏和醫院的陳家興醫師，終於剪掉「滿人」的辮子，915.6.15。（劉于碩提供）

他的研究所得編成《療養新方》，印贈四方，「存心濟世保安康，製煉靈丹不肯藏；遍處救人金弗受，何殊扁鵲著神方。」

台灣改隸後，一八九七年，黃玉階取得總督府漢醫執照，建議台灣總督府設立黑死病避病院，黃玉階被聘為醫生主任，後又兼任台北仁濟醫院顧問、傳染病預防委員等多項公職，並捐資募建濟安醫院、共濟醫院，黃玉階對傳染病的防治不遺餘力，他對社會風俗的導正也是竭盡所能。

一九〇〇年，黃玉階任大稻埕區長，並應聘擔任台北監獄教誨師，為期達十八年之久，這一年，他更號召台北紳商在普願社成立「天然足會」，任會長，極力宣導解除婦女纏足的陋習，風氣一開，台灣婦女漸脫雙足被縛的桎梏。一九一〇年，黃玉階兼任大龍峒區長，次年，與謝汝詮發起「斷髮不改裝會」，任會長，在他的大力宣導下，男子辮髮人數驟減，移風易俗，順應時代潮流，黃玉階是為開路先鋒。

　　黃玉階行醫濟世，拒收謝禮，平日樂善好施，捐獻社會慈善事業不落人後，贏得世人的尊崇，放足斷髮運動的倡導，更傳為一時美談。一九一五年，總督府授以藍綬瑞寶章，一九一八年，病逝。

　　在時勢潮流的變遷中，體察大局，移風易俗，是社會領導階層的責任，然而在政治體制的轉換下，領導階層的順應歷史趨向或堅守舊有陣營，卻也常是歷史批判中，影響「價值判斷」之所在。黃玉階在清朝時期，募集義勇協贊中法戰役，得有軍功，日治初期，安輯台北城治安，獲總督府頒授紳章，左右逢源，似有爭議，但是，如以平民史觀來看，保鄉衛民，則無不當。

1994.10.10.《自由時報》副刊

【參考書目】

1. 吳文星《日據時期台灣社會領導階層之研究》，師大史研所博士論文，1986。

2. 台灣總督府（鷹取田一郎執筆）《台灣列紳傳》，台北：台灣日日新報社，1916.4.。

甘為霖

生命的光與愛——台灣盲人之父

日月潭又名干治士湖，是第一位訪問此湖的西洋人；甘為霖牧師因感念荷蘭首任駐台牧師干治士所取的名字，他說：「這個安靜而甜蜜、富有生命的美麗汪洋，願他所宣揚的福音，像湖水一般，成為祝福的源泉。」

以編纂《廈門音新字典》（即甘字典）卓富聲譽的甘為霖（William Campbell），一八四一年，生於蘇格蘭格拉斯哥，格拉斯哥大學畢業，原校再讀神學四年。一八七一年底，他抵達台南，是繼李庥之後，第二位來台的英國長老教會牧師。

甘為霖為擴展教務，足跡遍及全台，中南部歷史較悠久的教會幾乎都與他有關。然而初期傳教難免遭遇既存社會的排斥，一八七四年，甘為霖來到嘉義白水溪建立教會，次年，即受到白河土豪吳至高的攻擊，藉口新建的教堂有礙其祖墳風水，乘夜將小禮拜堂燒毀，甘為霖身中兩刀，幸未受難，然經此大劫，更加堅定他宣揚福音的心志。

旅行傳道的過程中，甘為霖接觸到許多行乞維生的盲人，他體認到若要重建盲人的自尊與自信，就必需從教育著手，於是在一八八五年，鑄製了凸字版的盲人書（以羅馬拼音的閩南語版本之《馬太福音》、《廟祝問答》），開啟了盲人的靈魂之窗；進而返國向聖經公會及自由教會學徒傳道會募得基金，一八八九年，開始製書工作，次年，便開班授課，更租用台南洪公祠，創設「訓瞽堂」，是為台灣最早的盲人學校。

及日本治台，盲校因動亂而被迫暫停，甘為霖親赴日本，說服樺山資紀、兒玉源太郎兩位總督成立官辦盲校，即今天的台南啟聰學校。

甘為霖不僅傳教、關愛盲胞，他也致力於歷史文獻的保存和著述：《台灣佈教之成功》、《荷蘭治下之台灣》複刻、英譯了荷蘭時期的台灣史料，其中《新港腔馬太福音傳》則存留了新港社平埔語言。另《台灣素描》及《台灣佈教之成功》附錄十五則，詳細記錄了甘

甘為霖
（圖片來源：《台灣治績誌》）

為霖的來台見聞，尤是研究十九世紀末葉台灣社會史的珍貴史料。除此，甘為霖還以羅馬拼音台灣語（即白話字）著述傳道書，雖為宗教書籍，卻也因而保存了許多已散佚的台灣語彙。

甘為霖另一嘔心泣血之作就是《廈門音新字典》，在林錦生、陳大鑼的協助下，他以羅馬拼音註解一萬五千個漢字，是一本完全適用於閩南語系人民使用的字典。一九一五年，加拿大諾克斯神學院為表彰甘為霖傑出的成就，授予他神學博士學位。

一生奉獻台灣達四十六年之久的甘為霖，他留下了歷史的軌跡，也留下了給予盲胞的光與愛，在一九一七年返回英國，一九二一年蒙主恩召。

1994.7.11.《自由時報》副刊

《廈門音新字典》的序文與內文。（林柏維提供）

【參考書目】

1. 楊士養《信仰偉人列傳》，台南：台灣教會公報，1989.6.。
2. 賴永祥《教會史話》1，台南：台灣教會公報，1990.4.。
3. 黃武東《黃武東回憶錄》，頁41-64，台北：前衛。

巴克禮

放棄一切，奉獻一生——台語白話字的推動者

「**我**將放棄一切管轄我的，我要把我及我的所有，不論心思意念、四肢百體、財物、時間或一切力量，都奉獻給你。」這是來台傳教六十年的巴克禮（Thomas Barclay）牧師，十六歲時獻身上帝的誓言。雖然他的主要工作是傳佈福音，從事宣教事業，也與所有的傳教士一樣，都有著共同的貢獻，那就是啟迪民智。然而，他最傑出的成就與影響，則應是台灣話羅馬字的推動。

巴克禮，一八四九年，生於蘇格蘭的格拉斯哥，一八六九年，進自由教會神學院，一九一六年，獲格拉斯哥大學榮譽神學博士，一九二一年，任首屆英國長老教會總會議長，一九三五年，長眠於台南。

黃武東牧師在他的回憶錄裡，推崇巴克禮有四大貢獻，即：創設台南神學院、創刊《台灣教會公報》、改譯白話字新舊約聖經、增補《廈英大辭典》。

蔡培火在一九二〇年代，大力提倡「台

灣話文運動」，藉以擴大啟蒙民智的成效，實受惠於基督長老教會的啟發，而巴克禮正是推動白話字（將台灣話以羅馬拼音的方式文字化）運動的靈魂人物，他說：「每一信徒都要研讀聖經，這個目標，使用漢字是達不到的，羅馬拼音的白話字很適合婦女、兒童及未受教育人們的使用。」

　　基督教在傳入台灣之後，從一八六五年起，分為南北兩個系統，北部屬於加拿大長老教會，南部則隸屬於蘇格蘭長老教會。巴克禮在一八七五年，抵達打狗（高雄），次年，到府城（台南），為了培育本土的傳教士，於一八八○年，在新樓創立神學校，即今天的台南神學院，是「全台最早的西式大學」。教會同時決定以羅馬拼音字做為傳教的工具，首倡者是馬雅各，為達到文字傳輸的功效，巴克禮特地返回英國，學習撿字排版，並在一八八四年，設立「聚珍堂」（新樓書房），次年，創刊《台灣府城教會報》，即今天的《台灣教會公報》，全部使用羅馬拼音

巴克禮（陳悅真提供）

白話字，《耶穌的信仰與教誨》內文。（林柏維提供）

的台灣話編印，持續到一九七〇年始改用中文印行，是台灣史上第一份公眾報刊，也是台灣史上發行最久的刊物。

為使福音傳佈與白話字能相得益彰，巴克禮接受英國聖經公會的委託，與高金聲、偕叡廉到廈門從事聖經的重譯，台灣話版的新、舊約聖經於是在一九一六、一九三三年，分別問世。從一八三七年麥都思的《福建方言字典》，到一八七三年杜嘉德的《廈門音漢英大辭典》，後者，尤為傳教士學習台語的參考書，為因應時代改變及用辭的不足，巴克禮接受台灣、廈門的同仁們要求，從一九一三年起，從事增補的工作，在梅甘霧的資料提供及楊士養的協助下，增補版在一九二三年出版。

公報的發行、聖經的改譯、辭典的增修，都是以台灣話為主軸，羅馬字為音註，巴克禮徹底地奉獻他的生命，雖為傳教，卻也為台灣話語的保存與整理做了巨大的貢獻。

1994.7.4.《自由時報》副刊

【參考書目】

1. 黃武東《黃武東回憶錄》，頁41-64，台北：前衛。
2. 楊士養《信仰偉人列傳》，台南：台灣教會公報，1989.6.。
3. 賴永祥《教會史話》2，台南：台灣教會公報，1990.4.。

蔡阿信

打開女性希望的窗——台灣第一位女醫師

東方白小說《浪淘沙》中的丘雅信，就是近代台灣前衛的新女性：蔡阿信，一八九九年，生於新竹市，父親早逝，被送給一位牧師當童養媳，屢屢逃家，後來，隨著母親的改嫁，改姓蔡。自幼聰穎的蔡阿信，就讀大稻埕公學校時，已贏得「俊才」的美譽，十一歲時，轉學至淡水基督教女學院，畢業後，在親朋皆反對的情境下，強忍時人對女子求學的種種嘲諷，毅然負笈東京。

一九一三年，蔡阿信進入東京立教高等女學校（一說是聖瑪格利特學校），一九一五年，考進東京女子醫專，一九二〇年底畢業，次年回台，任職於總督府台北醫院，一九二三年轉到日本赤十字社台北支部醫院，是台灣史上第一位女性醫師，一九二四年，蔡阿信在台北市日新町自宅開業婦產科，門庭若市，是年，她與社會運動家彭華英（台灣民眾黨主幹）結為連理，並於次年，旅遊中國。

一九二六年，蔡阿信到台中開設清信婦產

科醫院，為婦女醫療工作而奉獻。為培育當時極為欠缺的助產士，從一九二七年起，她自力開辦產婆養成會，十年間育才無數。一九二九年，蔡阿信兼任慈惠院的特約醫師，次年，擔任台中州街庄官員講習會講師，她高超的醫術，在中部地區極負盛名，她的努力，終於在一九三一年，獲得日本宮內省連續六年獎勵的肯定。

繁冗的醫務之外，蔡阿信對台灣的社會運動也極為關注，張深切《里程碑》中說：「過去台灣參加政治運動的女性很少，在日本只有蔡阿信，在祖國只有謝阿女。」連溫卿更肯定：蔡阿信是台灣女性站在演講台上的第一人。一九三〇年，她和陳炘的夫人謝吻，發起組織「台中婦女親睦會」，為婦女的解放而努力。一九三一年，《台灣民報》辦「州、市議員模擬選舉」，蔡阿信獲得台中市議員的最高票，然而她卻慨嘆：「我很慚愧，台灣的女同胞到現在還不能得到男女平等的境地。」

一九三二年，由於「台灣的社會

蔡阿信
（圖片來源：《台灣人士鑑》）

運動遲遲不進的原因，是台灣缺少首領格的人物。」彭華英遠走滿州，與蔡阿信的婚姻也隨之終止。一九四一年，蔡阿信離開了台灣，赴美遊學，隨後旅居加拿大，終戰後返台，目睹瘡痍亂象。一九五三年，她與晚年老伴吉卜生牧師定居溫哥華，一九八二年，將畢生積蓄悉數捐出，成立「至誠社會服務基金會」，扶助失偶婦女，一九九○年，她走完了人生。

在孤女、童養媳、拖油瓶的角色中成長，從傳統女性的桎梏中蟬蛻，隱忍「弱女子的淚水」留學七年，蔡阿信打開了台灣女性希望的窗戶，在實踐中走出與謝雪紅截然不同的道路，開拓出兩樣的天空。

1994.4.11.《自由時報》副刊

1931年，《台灣民報》辦「州、市議員模擬選舉」，蔡阿信獲得台中市議員的最高票，此為民報348號登載的選舉感言。（圖片來源：《台灣民報》）

狂飆的年代

【參考書目】

1. 楊翠《日據時期台灣婦女解放運動》，頁478-507。
2. 東方白《浪淘沙》，台北：前衛。

佛教分為講型式主義出世的小乘與主張救濟主義入世的大乘。主張佛教應走入現代社會、明白時代潮流，才能弘揚佛法的證峰法師，俗名林秋梧，在二〇年代從社會、政治運動運動的前線，轉換戰線投身台灣的佛教界，他「呼籲僧侶要走出死守戒律，愚騃迷信的壁壘，要省識時代潮流，進入現代社會，在建設一個不受帝國主義欺凌，不受資本主義壓榨的現世的『人間淨土』。」（李筱峰語）

林秋梧推崇精神的、在家的、救濟的、社會的、入世的大乘佛教，他嚴厲批判台灣佛教界，力主大力改革佛教，認為弘揚佛法不只是吃齋唸佛，而應是拯救生民於水火的入世實踐。

林秋梧，台南市人，一九〇三年生，父親是水果小販，一九一一年，進台南第一公學校，一九一八年，考入國語學校（台北師範），一九二一年，文化協會成立，即加入為學生會員。由於思想前衛、知識廣博，於

一九二二年，發生的台北師範學生與警察衝突的學潮中，林秋梧被認為是幕後首腦，遭警方拘捕，甚至在畢業前，被台北師範勒令退學。這位被當局認定為「民族自決論」的林秋梧，一度前往日本學商，終以志趣不合，轉往廈門大學研讀哲學系，並在集美中學擔任教師，後因奔母喪，返回台灣。

林秋梧（圖片來源：《文化協會的年代》，李筱峰提供）

　　文化協會的啟蒙運動在一九二五年到達顛峰，林秋梧恭逢盛舉，成為

1926.4.，文化協會活動寫真部成立，辯士（旁白解說員）：盧丙丁（前左1）、郭戊己（後右2）、陳新春，巡迴演出後，反映甚佳，再增辯士，以林秋梧（前右1）、盧丙丁、鐘自遠為第二隊辯士。此照是次年與林幼春、林獻堂、蔡培火（前右2.3.4.）的合影。（郭木霖提供）

蔡培火所創辦的「美台團」（電影巡迴放映隊）的解說辯士（無聲電影時代，做旁白者），每每藉電影情節的說明，暗諷日本的殖民苛政。惜，文化協會因左右路線的分歧而分裂，這時，早就潛心佛學的林秋梧便進入台南市的開元寺，以「儒衣脫卻換僧衣，雄心早已識禪機。」拜得圓為師，法號證峰，他以開元寺留學生身分入日本駒澤大學，投入日本禪學泰斗忽滑谷快天的門下，鑽研佛理；同時，開始撰文批判佛教的陳年積弊，又以馬克斯主義、歷史唯物論來反思佛教現世，他的改革主張，引起台灣佛教界的廣泛共鳴。

入世的證峰法師，在一九三〇年回到台灣，以他普眾生的佛心，參加台灣民眾黨、台灣工友總聯盟、赤嵌勞動青年會，又創辦《赤道報》，引來官方傳聲筒《台南新報》的口誅筆伐，斥責其為「開元寺僧侶之思想惡化」。

做為一名佈教師，證峰法師也著書立說，以《真心直說白話註腳》，直陳拘泥經濟的虛妄，另《佛說堅固女經講

1927年，林秋梧進入台南市開元寺，剃渡為僧，法號證峰，不同的是：他以從事社會運動來普渡眾生。（圖片來源：《文化協會的年代》，李筱峰提供）

話》，則是期許婦女跳脫男性宰制社會的框框，可惜英年早逝，壯志末酬，於一九三四年，歸往西方，年僅三十一歲。

　　林秋梧的批判精神從一而終，在美台團的電影巡迴講演時，即已掀起熱潮，及化身僧侶，更引動佛教的入世改革，出世入世皆人間，想是林秋梧超陳脫俗的理念吧。

1994.6.20.《自由時報》副刊

【參考書目】

　1. 李筱峰〈願同弱少鬥強權的革命僧：林秋梧〉，《台灣近代名人誌》冊
　　2，頁177-192，台北：自立，1987.1.。

　2. 李筱峰《革命的和尚》，台北：八十年代，1979.11.。

許世賢

嘉義媽祖婆—台灣第一位女博士

擁有眾多第一頭銜的前嘉義市長：許世賢，台南市人，一九〇八年生，是前清秀才許煥章的次女。自幼讀漢學，再進台南女子公學校，一九二一年，考進台南第二高女（今台南女中），一九二五年，負笈東京，考進東京女子醫專，一九三〇年，她畢業返鄉，任職於州立台南醫院內科，兩年後協助兄長主持德泰醫院並自力開設世賢醫院。

一九三三年，許世賢與小她八個月的張進通醫師結婚，隨即進入張進通的母校九州帝大，先在附設醫院當醫師，研習婦產科，再進醫學部專攻藥理學。張進通則於次年進大學院（研究所），並於一九三八年獲得博士學位。許世賢也在次年獲得博士學位，夫婦兩人畢業後，皆留校繼續研究，許世賢鑽研外科，張進通則專攻內科。

被譽稱為「鴛鴦博士」的張氏夫婦，於一九四一年回台，在嘉義開設順天堂醫院，懸壺濟世，聲名遠播，奠下良好的社會基礎。

許世賢
（圖片來源：《台灣省地方自治誌要》）

終戰後，許世賢被任命為嘉義女中校長，次年當選嘉義市參議員。二二八事變時，她與陳復志、陳澄波等人，擔任和談代表，幸未遇害。一九五四年，許世賢當選第二屆臨時省議會議員，此後四度連任省議員，任內為地方自治的落實，質詢省府李茂松縣長被停職案；要求增選或改選國會議員以施行憲政、抗議非法的「取締流氓辦法」認為是侵害人權、違憲。許世賢的這些作為，自然為執政者所不容，因此脫離國民黨。由於她為民喉舌不餘遺力的表現，也使得她和吳三連等人被讚譽為「五龍一鳳」。

一九六〇年，許世賢參與了雷震籌組的「中國民主黨」，任執行委員，次年，組織無黨籍「縣市議員助選團」，巡迴全台助講。一九六八年，她當選嘉義市長，成為全國首位女市長。一九七二年，她再以全國最高票（十九萬餘票）當選立法委員，任職期間，呼籲制定政黨法、起草選舉罷免法，以求民主政治的正軌化。一九八二年，許世

九州醫學專校（今久留米大學）在1940年印製的明信片。（林柏維提供）

　　賢以百分之八十幾的獲票率，再度榮膺嘉義市長，次年病逝，其女張
博雅、張文英承繼衣缽，續掌市政。

　　長期的地方經營，「阿媽市長」許世賢，營造出嘉義「許家班」
的社會實力，踏實無華的市政建設、不偏不倚的政治理念，廣博嘉義
民眾的欽仰。行醫也經世，「嘉義媽祖婆」許世賢得此稱號，實至名
歸。做為台灣婦女，許世賢以她的人生歷程，塑立了女性服務桑梓的
最佳典範。

1994.3.28.《自由時報》副刊

狂飆的年代

1.《台灣人士鑑》，頁 248-250。

2. 林子侯〈許世賢小傳〉，《傳記文學》，卷47期6，頁138。

3. 謝德錫〈嘉義媽祖婆〉，《台灣近代名人誌》冊2，頁227-235，台北：
自立，1987.1.。

施乾

慈悲不是施捨──台灣乞丐的救星

愛愛寮的創辦人：施乾，台北縣淡水人，一八九九年生，父親施論。

施乾自淡水公學校畢業後，考進總督府工業講習所（後改制為台北工業學校），修習土木建築，畢業後，受聘於總督府殖產局商工課，擔任技術員，任職期間（一九一九年以前），傾心於日本西田天香、賀川豐彥等人的社會改良主義論說。在奉命調查艋舺（台北萬華）區域貧民狀況時，發現乞丐三代為乞的社會現象，於是深入了解這一社會下層的生活情形，決心創辦救濟機關，解決乞丐問題。

辭去任職兩年的「金飯碗」的施乾，說服家人，變賣所有家產，購得綠町（今大理街）荒地千餘坪，在熱心人士幫忙下，營造木屋，一九二二年，成立了〔愛愛寮〕，收容乞丐二十餘人。施乾並常行走於台北街頭，參加廟會，一遇乞丐蹤跡，即千方百計將之帶回愛愛寮。在愛愛寮裏，施乾夫婦與乞丐同寢食，教導乞丐手工技藝、農事養殖，並請同鄉杜聰

明醫師為他們免費義診，默默從事乞丐更生的事業，全心投入，無怨無悔，他的夫人竟因勞瘁過度而棄世。

乞丐問題不是施乾個人的問題，為喚醒世人對乞丐的正視，施乾著書立說，印行《乞食社會之生活》、《乞食撲滅論》、《乞丐與社會》，一九二五年，他在《台灣民報》說：「乞丐誠然可憐，但他們因慈善家的憐憫心不得其當，致使他們的自助之精神，一落於深淵。」呼籲：「我們倘然有解決社會問題的願望者，那麼最先待我們著手的，便是這處在人類中最下層的乞丐社會。」

愛愛寮在施乾及其夫人清水照子（一九三四年再婚）的經營下，向商家徵求會員，月繳一元，以維持開支，收容乞丐二百餘人，並擴及麻瘋病患、精神病患、鴉片吸食者的收容，台北市區的乞丐幾至絕跡，日本文豪菊池寬來台時，見此現象，訝異之餘，大為感動，為文宣揚。一九二九年，施乾得到宮內省的天皇獎金，愛愛寮終於得到官方的

施乾（林柏維提供）

資助。一九三三年，愛愛寮奉令改組為
愛愛寮救濟院，一九四四年，施乾在戰
末物資短絀的窘境下，撒手人寰，他的
夫人仍咬緊牙關，獨當一面，維持愛愛
寮於不墜。

　　施乾打破金飯碗，力捧破飯碗，一
生奉獻社會救濟事業，他無畏卑賤污
穢，進入社會的底層，解決乞丐的問
題，他的慈悲不是施捨，而是奉獻。

　　　　1994.5.23.《自由時報》副刊

1939.7.14.，施乾與清水照子（左起
1.2.）及其幼女。（林柏維提供）

狂飆的年代

【參考書目】

1. 張炎憲〈乞丐的保姆：施乾〉，《台灣近代名人誌》冊1，頁189-197，
   台北：自立，1987.1.。
2. 台灣新民報社編《台灣人士鑑》，同社刊行，1937.9.。

輯九

日人影像

樺山資紀

改變台灣的命運——日本治台首位總督

日治時期台灣首任總督：樺山資紀，一八三七年，生於日本鹿兒島，一八九六年，台灣總督退職後，歷任內務、文部大臣及樞密顧問官，一九二二年病逝。

牡丹社事件的發生，是日本積極佔領台灣的前兆，中國政府向日本大使副島種臣聲明：「生番固我化外之民，伐與不伐，貴國自裁之。」間接鼓舞了日本取得台灣的決心。當時，三十六歲的陸軍少佐樺山資紀，因追隨西鄉從道的緣故，參與了「番地征討」計畫，與台灣結下了不解之緣。

一八七二年到一八七四年間，樺山資紀往來於中日台三地，實踐了他向陸軍省提出的〈台灣番地探險隊派遣之意見書〉，一八七三年八月，樺山從福州渡海到淡水，遠赴雞籠、噶瑪蘭、蘇澳、南方澳等各地考察民情，途中經過台南，再由打狗（高雄）到香港。次年，在水野遵（當時為翻譯官，後來成為台灣第一任民政局長）的陪同下抵達打狗，深入南台

灣（車城、楓港、枋寮），縱走南北（夜宿安平、園港尾、嘉義、莉桐港、彰化、犁頭店、葫蘆墩、大甲、後海、竹塹、中壢），探訪奇萊（花蓮），寫成《台灣記事》，並向西鄉提出視察報告，促成日軍攻擊牡丹社的行動（即琅嶠事件）。

在日本侵略朝鮮的過程中，樺山因功升至陸軍大佐，後轉任海軍少將，又在甲午戰爭的黃海戰役，打敗中國艦隊，受封為伯爵。馬關條約簽署後，他升任海軍大將兼台灣總督。

一八九五年，樺山資紀自李經芳的手中收受台灣，隨即以所屬近衛師團，自澳底漁港登陸，擊垮了台灣民主國的反抗，六月十七日，在台北舊府衙舉行始政式，揭開日本統治台灣五十年的序幕。勸降劉永福無效後，樺山揮兵南下，以半年時間，平定台灣。

樺山資紀任職總督雖僅一年，在台民反抗的衝突中，猶能整頓行政組織，設置台北、台中、台南三縣；創設司法新政，立保良局、警署，行軍政統治；

樺山資紀
（圖片來源：《台灣治績誌》）

1885年台灣建省後，設於台北的布政使衙門，日治初期為
總督府廳舍。（圖片來源：《台灣治績誌》）

並草創教育機構，開設芝山巖國語傳
習所，實行鴉片吸食管制，同時展開戶
口、土地調查。由於樺山的經營，確立
了日本在台灣的統治基礎。

　　一九一六年，樺山再訪台灣，距首
次來台已有四十三年，他感嘆：「炎雲
瘴癘幾傷神，異域始輝皇化新，回首蜑
風蠻雨處，粲然都市改乾坤。」

　　從傳統的統治觀點來看，樺山代表
著日本對台灣長遠的企圖與規劃，也代

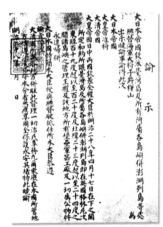

1895年，台灣總督樺山資紀宣告領有
台灣的諭示。（圖片來源：《台灣治
績誌》）

表著日本帝國勢力擴張成功與否的關鍵。樺山資紀的崛起，也是台灣命運改變的開始，從樺山的行止，我們看到日本的領台、治台絕非偶然。調查台灣、了解台灣、關心台灣，才能經營台灣，正是這位從政軍人堅持的信念。

1994.6.6.《自由時報》副刊

【參考書目】

1. 台灣總督府警務局編《台灣總督府警察沿革誌，第二編領台以後の治安狀況（上卷）》，台北：台灣總督府警務局，1939.7.。
2. 《西鄉都督與樺山總督》，台北：台灣日日新報，1936.12.。
3. 衫浦和作《明治28年台灣平定記》，台北：新高堂，1896.5.。

後藤新平

生物學原則的政治家——台灣殖民體制的奠基者

日治時期台灣第三任民政長官：後藤新平，一八五七年，生於日本奧州水澤，一八七六年起，任職於愛知縣公立醫院，一八八一年，升院長及醫學校校長，一八八三年，任內務省衛生局副局長。一八九〇年，公費留學德國，兩年後升任局長。一八九五年，後藤受知於兒玉源太郎，任陸軍檢疫所事務官，並向當局提出〈關於台灣鴉片的意見書〉，是為與台灣結緣的開始。

一八九八年，兒玉源太郎任台灣總督，力邀後藤任民政長官（是台灣第二號人物），此時，日領台灣，百廢待舉，抗日事件迭起，台灣不僅未替日本帶來利益，甚而成為沈重的財政負擔，致有以一億圓賣掉的議論，後藤在這樣的情境下，振衰起敝。以招降誘殺的手段，在一九〇二年以前，敉平了「匪亂」。改革官制，淘汰劣質官員一千餘人，終止軍政，代之以實為警察統治的文官統治。

一八九八年，後藤在台灣進行土地調查，

是為劉銘傳以來第二次的土地改革。
次年，募集公債，闢建縱貫鐵路、整建
基隆港、設立台灣銀行。一九〇〇年，
成立臨時台灣舊慣調查會，尊重台灣民
情以釐訂適合的統治法令；進行產業調
查。次年，後藤採納新渡戶稻造的糖業
改良意見，制定糖業保護政策，奠下糖
業帝國的基礎，為日本帶來無窮的財
富。一九〇五年，在台灣實施第一次戶
口調查（日本遲至一九一〇年，始在他主
持下，實施首次的國勢調查）。次年，辭
卸民政長官職。

　　台灣在後藤的「生物學原則」的經
營下，不再是日本的負擔，反之，成為
日本的瑰寶，後藤成功的殖民統治，也
意外地為台灣經濟的近代化，奠下了厚
實的基礎。

　　一九〇六年，後藤轉任滿鐵總
裁，一九〇八年，任遞信大臣兼鐵道院
總裁，推動鐵道國有化政策，一九一八
年，轉任外務大臣，一九二〇年，舉國
嘩然下，降任東京市長，至一九二三年
卸官止，後藤不計官職輕重，為重建東

後藤新平
（圖片來源：《台灣製糖株式會社史》）

京新都會而兢兢業業，一九二九年，病
逝。

後藤新平以醫生的專長治理政治，
其治台三策：「台灣人怕死、台灣人愛
錢、台灣人愛面子。」尤為後人所津津
樂道。他原是首相最佳人選，卻無緣任
職，台灣經驗更是他主持滿州鐵路及東
京市政的經驗法則。

做為殖民政治的執行者，後藤新
平無疑地確定了日本統治台灣的堅實基
礎，在殖民體制下，他以警察政治控制
了台灣人民不止息的反抗，他以糖業生
產厚實了日本的經濟利益。後藤是將台
灣成功納入日本帝國系統的政治家，他
的遠見與魄力、施政能力，在台灣史上
是少見的，當然，站在被統治者的立場
上來看，他絕對是可議的對象，然而他
給予台灣之「意外的」「殘餘價值」，
卻也是必須正視的。

位於台南永康的三崁店製糖所。（圖片來源：《台
灣製糖株式會社史》）

1993.11.2.《自由時報》副刊

285

狂飆的年代

【參考書目】

1. 依藤金次郎《奇傑後藤新平》，台北：清水書店，1944.11.。

2. 秋澤烏川《台灣匪誌》，台北，杉田書店，1923.4.。

3. 台灣總督府警務局編《台灣總督府警察沿革誌，第二編領台以後の治安狀況（上卷）》，台北：台灣總督府警務局，1939.7.。

4. 楊碧川《後藤新平傳：台灣現代化奠基者》，1996.9.。

5. 北岡伸一，魏建雄譯《後藤新平傳：外交與卓見》，台北：台灣商務，2005.4.。

伊能嘉矩

人類學的台灣研究——日人研究台灣第一人

台灣研究的經典巨著：《台灣文化志》的作者伊能嘉矩，一八六七年，生於日本岩手縣遠野，幼年即展現異稟，七歲入小學，寫〈惡兒戒書〉，十歲，作〈遠野新聞〉，十一歲，撰〈排佛新論〉，十七歲，著〈鹿之狸〉自傳，善於駕御文字，顯然是受到祖父友壽的國學薰陶。

一八八五年，伊能嘉矩負笈東京，在此之前，《征清論》一書已付梓刊行，是年，又以漢文撰寫《日本維新外史》，惜，因無學費，入斯文黌（中學）僅一天即退學，轉入二松學舍，以抄寫教科書度過無課本可用的中學生涯。一八八六年，獲推薦入岩手縣師範學校，一八八九年，帶領同學向不合理的師範規約抗議，引起騷動，被開除。

無力籌措學費的伊能嘉矩，只得以筆耕度日，旋入東京每日新聞社任編輯，隔一年，任《教育通報》編輯主任，一八九三年，應聘《大日本教育新聞》編輯長，是年拜坪井正五

郎為師，研究人類學，一八九五年，更與鳥居龍藏創辦人類學講習會，並投入鄉土史的研究，是年，台灣割讓日本，伊能嘉矩以陸軍省雇員名義來台，展開他在台十年的人類學調查和研究。

伊能嘉矩在台期間，任職民政局及總督府囑託，公餘研習台語、泰雅語，自修馬來語，編有《台灣蕃語集》，並實地調查原住民，將之分為九大族系。此外，伊能嘉矩更旅行全台，訪查史蹟碑碣，大量收集散佚各地的古文書，深入研究台灣史地，一有所得，筆記詳述，因能留下大量一手史料，供日後學術著作之用。

一九〇五年，伊能嘉矩為專心著述，辭職返鄉，並接受台灣總督府的委託，從事有關原住民調查及沿革的編纂，一九二五年，病逝。伊能嘉矩著作等身，成績斐然，如：《台灣志》、《台灣蕃政志》、《理番誌稿》、《大日本地名辭書（台灣之部）》等，皆為台灣史之經典作品，而《台灣文化志》尤為伊能嘉矩之研究台灣的大成，至

岩手師範學校時期的伊能嘉矩
（林柏維提供）

今仍是台灣史研究者不可或缺的參引文獻。

　　伊能嘉矩傾畢生之精力，從事台灣歷史的研究和著述，在死生邊緣實地踏勘原住民的風俗、語言；孜孜不倦於史料的蒐羅，其精神已足以令人欽佩，其嚴謹的學術著作尤令人尊敬，雖然，他研究的目的有迎合日本統治上的需要，然而，他對台灣史學的貢獻卻也不容抹殺。

1905 年，伊能嘉矩返回日本後，於書房留影。（圖片來源：《台灣文化誌》）

　　　　　　993.11.23.《自由時報》副刊

狂飆的年代

【參考書目】
1. 伊能嘉矩、江慶林等譯《台灣文化誌》，台中：台灣省文獻會，1996.。
2. 伊能嘉矩、楊南郡譯《平埔族調查旅行》，台北：遠流，1997.8.。
3. 伊能嘉矩、楊南郡譯《台灣踏查日記》，台北：遠流，1996.10.。

矢內原忠雄

國際和平思想的教育家——日本的脊柱

主張人道主義、人格主義，在教育上強調學術自由、民主精神的教育家：矢內原忠雄，一八九三年，生於日本愛媛縣今治市，東京帝大法科政治學科畢業，一九四七年，始獲經濟學博士，一九四九年，任日本學士院會員，一九五一年，任東京大學總長，一九六一年，因胃癌病逝。

由於矢內原忠雄長期反對日本的軍國主義，同情弱小民族，終於在七七事變那年（一九三七）受日本政府壓迫，辭去東京帝國大學經濟部教授的職位；在他辭職時的最後一場講演中，矢內原仍堅持：「身為研究者要站在學問的立場來觀看現實的政策與推行之目的和方法，不可因執政者在做就說它是對的，學問本來的使命，是要批判實行家的實踐，而不是扮演小丑的角色。」

師承台灣糖業政策規劃者新渡戶稻造的矢內原忠雄，從一九二三年起，承續新渡戶講授「殖民政策講座」，師生兩人可謂是日本「國

際經濟學」的開山鼻祖。矢內原為了實地明瞭殖民地台灣的實況，透過蔡培火的引介，於一九二七年三月二十二日，來台視察五週，親訪民族運動領袖林獻堂，在葉榮鐘的陪同下，到竹山調查引起農民抗爭的「竹林事件」，返日後，依所得材料寫成經典著作《帝國主義下的台灣》，這本暴露殖民統治真相的書，自然被台灣當局列為禁書。

經濟學者涂照彥指出，矢內原《帝國主義下的台灣》對台灣經濟分析的理論有三項成就，即：日本之佔領台灣，乃在於日本資本主義的後進性及其早熟性；對日本資本稱霸台灣，做了冷靜透徹的考察；系統地掌握了台灣殖民地經濟的發展過程。

矢內原忠雄懷著實現「被虐待者的解放，沒落者的上升，自主獨立者的和平結合」，完成大作，他也以實際的行動表示對弱勢者關懷，在蔡培火的翻譯下，在屏東、台南、嘉義、彰化、台中、新竹、宜蘭、台北等八城市演講，以對待兄弟的心，期許台灣兄弟要創

矢內原忠雄
（圖片來源：《教育與人》）

造幸福的社會，就不能做沒有受教育的「豚子」（豬）。非難總督政治的矢內原，自然受到官方輿論的排擊，沒想到反資本主義、妥協主義的他，卻也受到左翼青年的攻訐。

矢內原忠雄講授殖民政策，著述《殖民政策的新基調》等書，與政府立場相左，軍國主義高漲之際，又寫《民族與和平》，並在《中央公論》發表〈國家的理想〉，批判窮兵黷武的政策，終於導致被迫辭職，林獻堂感於他的正直風範，伸以援手，濟助困厄。

戰後，矢內原忠雄回任東大教授，日本新聞界對這位「以人道主義為依歸的國際和平思想」的教育家，稱譽為「日本的脊柱」，以示對矢內原處亂世依然剛正不阿的耿直風範，表示敬意。

學術的良心乃在於不做政治家的鷹犬，據亂世而敢於針貶，處學術殿堂而無畏於軍權淫威，同情弱小民族而立論公正，這正是矢內原耿介性格的展現。

1994.8.1.《自由時報》副刊

1927.3.，《日本帝國主義下的台灣》的作者矢內原忠雄（前左3）來台考察，（前排左起）1.鄭松筠、2.林獻堂、4.蔡培火、（後排左起）1.陳炘、2.陳逢源、3.張聘三、4.林陸龍（此幀缺了葉榮鐘、莊垂勝、韓石泉）等人歡迎他到中部踏勘。（圖片來源：《文化協會的年代》）

狂飆的年代

【參考書目】

1. 矢內原忠雄（周憲文譯）《日本帝國主義下的台灣》，台北：台灣銀行，
   1964。

2. 葉榮鐘《台灣人物群像》，頁81，台北：帕米爾，1985。

3. 〈矢內原博士的演講〉，《台灣民報》，號 155，頁 10-11，1927.5.1.。

4. 〈矢內原教授在台講演的概要〉，《台灣民報》，號 156，頁 11-13，1927.5.8.。

5. 〈矢內原氏的台灣視察〉，《台灣民報》，號 157，頁 13-14，1927.5.15.。

6. 矢內原忠雄（李儷姬譯）《教育與人》，台南：台灣教會公報，1980.11.。

石川欽一郎

開啟新美術的大門——台灣美術的播種者

引領台灣新美術的發軔、培育新美術畫家的啟蒙老師：石川欽一郎，一八七一年，生於日本靜岡縣，一九四五年逝世。

石川在中學時代，即開始學英語、繪畫，一八八八年，進入東京遞信省郵便電信實技學校，受小代為重的啟蒙，醉心於西洋水彩畫，然苦於無書可讀，常到圖書館借英國出版的水彩畫書報，強加背誦；一年後，石川畢業，進大藏省印刷局，一八九一年，參加明治美術會，並且開始發表作品。

一八九八年，石川辭去技師補的官職，赴英留學，向阿富瑞德‧伊斯特學習傳統英國風的水彩畫法，確立了石川的畫風，也增強了英語能力，回國後，於一九〇〇年，被任命為陸軍參謀總部翻譯官，參與八國聯軍，因此負傷，次年，川村清雄另組「巴會」，石川是主力會員之一，一九〇四年，日俄戰爭，石川再被任命為翻譯官，足跡所至，即有畫作。

戰後，石川回國，一九〇六年，參加首

回文展（帝展前身），以《森之道》入
選；一九〇七年，石川被調任為台灣總
督府陸軍部翻譯官兼任國語學校（師範
學校）美術教官，這期間他的作品仍屢
次入選文展，也在台灣散播新美術的種
子，倪蔣懷、陳澄波即因而發芽。

　　一九一六年，石川辭職返日，任職
於三越百貨公司，一九一八年，他遠赴
英、法、義等國，旅遊寫生並研究康斯
伯特的作品，一九二〇年辭職，再赴歐
洲旅遊寫生。

　　一九二三年，石川受台北師範校長
志保田鉎吉的邀請，再度來台執教，是
「薪水比校長還高的老師」，他利用課
餘組織「學生寫生會」，開設「暑期美
術講習會」，台灣新美術的第一代：陳
植棋、李石樵、李澤藩、李梅樹、藍蔭
鼎等人，都是在他的化育下脫穎而出。

　　台灣新美術運動的搖藍，在石川
欽一郎全心的推動下，美術團體逐一誕
生：一九二四年，「七星畫壇」、「台
灣水彩畫會」的相繼成立；一九二七
年，「台灣美術展覽會」、倪蔣懷的

石川欽一郎（林柏維提供）

「台灣美術研究所」成立。

　　以田園山水為主體、以風景寫生為表現題材的石川欽一郎，以彩筆忠實地記錄下台灣的風貌，他的畫風深遠地左右了當時台灣美術的走向。一九三二年，石川辭職，返日定居，任教於鷗友學園高等女校，次年，他的台灣學生成立了「一廬會」，以感念師恩。

　　開啟台灣新美術的大門，石川欽一郎喜歡用高彩度、高明度的色彩呈現作品的生命力，石川欽一郎也用他高度的關愛，鼓舞了台灣新畫家，他撒下了種子，並且讓他們發芽！

石川欽一郎的水彩畫〈台灣總督府〉，1916。（林柏維提供）

　　　　　1994.5.2.《自由時報》副刊

狂
飆
的
年
代

【參考書目】

1. 林惺嶽《台灣美術風雲40年》,台北:自立,1987.10.。

2. 謝里法《台灣美術運動史》,台北:藝術家,1992.5.。

3. 李欽賢《台灣美術歷程》,台北:自立,1992.6.。

4. 李欽賢〈日本水彩畫壇與石川欽一郎〉,《雄獅美術》期173,1986.7.。

立石鐵臣

日本人台灣心──台灣風土的刻繪者

台灣美術協會中唯一的日本籍畫家：立石鐵臣，一九〇五年，生於台北，一九八〇年，病逝東京。

為台灣文化的整建舖下厚實基礎的雜誌《民俗台灣》，創刊於一九四一年的台北，停刊於大戰末年，為台灣的民俗工作留下完整的紀錄。金關丈夫、池田敏雄、松山虔三、立石鐵臣等人都是日本人、台灣心，把台灣的舊慣習俗逐一彙整，替我們留下了彌足珍貴的文化財。

在《民俗台灣》中，風格迥異、獨樹一幟的是立石鐵臣，藝術界人士李賢文認為立石鐵臣是：「一位熱愛台灣、因思慕台灣風土人情，而得以豐富其創作內涵的日本畫家。」他的《台灣民俗圖繪》版畫，不僅是藝術的表徵，更也是一九四〇年代，台灣人生活風貌的見證。

立石鐵臣在小學一年級時，離開台灣，台灣即成為他腦海裡「不可分離的夢中之

立石鐵臣
（圖片來源：《台灣民俗圖繪》）

立石鐵臣版畫：年節挨粿，
《民俗台灣》，1942.10.。

島」。因受梵谷的精神感召，有志於油畫，一九二八年起，他開始發表作品於梅原龍三郎的「國畫會」。為了取材台灣的風景，一九三三年，立石回到了他的第二故鄉台北，作畫、開個展，結下了「繪畫與台灣之緣」，此後「便與台灣強韌地結合在一起」。次年，立石再度來台，仍以台灣做為畫題，還參加「台展」，並參與「台陽美術協會」的創立，這兩年間，是他「戰前最充實的製作時期」。

一九三九年，立石應聘任教台大，三度來台，在大學裡從事「即物細密描寫」昆蟲的標本畫，兩年半後，他投入《民俗台灣》的編輯工作，以版畫「為我們留下了台灣的真實影像——這些影像或者表現於麵攤上食客的坐姿、小巷裡拉胡琴的『抽籤仔』、亭仔腳揀茶的婦孺、廣場上『老歲仔』的冬姿，或者表現於黃牛、人力車、磚瓦廠，或者表現於大南社、關廟庄，以至於原住民的織物、火藥箱、杵與臼。」（向陽語）一九四四年，立石在花蓮度過奉召

入伍以來的「空虛日子」，卻也是六年後，他在東京舉行個展的靈感泉源。戰後，立石被國府留任台大，任史學系講師，直到一九四八年，被遣返日本。

回到日本後的立石鐵臣，患了「絕望的、強烈的懷鄉病，起因於他對台灣難以阻遏的思慕。」（福島繁太郎語）離開台灣，經過十數年，連出門時，也好像置身於瀰漫春光的台灣山河，或漫步於戲喝陳三五娘、拉胡琴的巷路。立石在一九六五年的個展上，全都是描寫台灣風物的素描、淡彩；即使到了晚年，畫風轉向幻想畫，細密的風格下，仍流露出立石在台大時的生活影像。

我筆寫我心，我畫訴我思，立石細微地刻畫俗民生活之事與物，在他的自我認同裡，他應是十足的台灣人，時局的演變，使他不得不離開故鄉台灣，回到另一個疏離的故鄉日本。

立石鐵臣版畫：十二生肖，《民俗台灣》，1942.5.。

1994.6.13.《自由時報》副刊

【參考書目】

1. 林惺嶽《台灣美術風雲40年》，台北：自立，1987.10.。
2. 謝里法《台灣美術運動史》，台北：藝術家，1992.5.。
3. 李欽賢《台灣美術歷程》，台北：自立，1992.6.。
4. 向陽《台灣民俗圖繪》，台北：洛城出版社，1986。
5. 《民俗台灣》

富甲全台

李春生

宅第連雲・富視台澎──番勢李仔春

鴉片戰爭後，西方勢力大舉進入中國，通商口岸洋商匯集，傳統社會逐漸崩解，買辦階層在既存社會中異軍突起，他們不只仲介中西商品，他們也扮演著東方世界伸向西方文明的觸角，他們得天獨厚地成為中西貿易的媒介、寵兒，逐漸替代仕紳階層，成為社會的中堅，大稻埕富商：李春生，就是在這樣的機運中破繭而出。

李春生，一八三八年，生於廈門，一八九七年，任台北縣參事，一九〇二年，轉任台北廳參事，一九二二年，任台灣史料編纂委員會評議員，一九二四年，去世。

李春生的父親李德聲，以替人渡船為業，家境清寒，因此，李春生只好放棄私塾生涯，十五歲時，隨父親受洗為基督教徒，與傳教士朝夕相處，練就一口流利英語，得有機會進入廈門英商怡記洋行，為老闆愛利士所器重，太平天國時期，廈門商務重挫，李春生被轉介給英商寶順洋行的德克，擔任總辦，因而

渡海來台，時年二十八歲。

茶葉買賣在李春生的經營下，成績斐然，農民栽植茶樹者劇增，茶葉遂成為北部出口的大宗。李春生後來轉職英商和記洋行，並自營茶葉產銷兼代理三達石油公司的煤油進口，商務往來菲律賓、新加坡、美國、上海、香港，因而致富，家產達百萬，成為僅次於林維源的台灣富豪，「宅第連雲，富視台澎。」又由於從事洋務，因而得有社會聲勢，所以民間稱他為「番勢李仔春」。

一八八七年，劉銘傳在台灣推動新政，李春生與林維源合資築建千秋、建昌兩街洋式建築，外商雲集，一八九〇年，蠶桑局成立，林維源為總辦，李春生為副總，從此，被官方倚為佐力，更加熱心於公益事業。

甲午戰後，台灣割讓，日軍入台，台灣民主國瓦解，台北城內亂象四起，李春生鑑於時勢歸趨，「吾猶主和者，以彼我兵力強弱之不相敵也。」乃與紳商名流共商對策，決定請日軍早日進城

李春生
（圖片來源：《台灣列紳傳》）

倪蔣懷的水彩畫作品〈台北李春生紀念館〉，1929。（林柏維提供）

恢復秩序，並主動申請設立保良總局，李春生被推舉為會辦，一八九六年，與辜顯榮同因協助有功，獲樺山資紀總督敘勳六等授瑞寶章及隨行東京遊歷的獎勵。

李春生（圖片來源：《台北市茶商業同業公會特刊》）

連雅堂讚譽李春生：「雖居闤闠，而盱衡時局，每以變法自強之說，寄刊各報。」著書《主津新集》、《主津後集》倡言維新變法，寫《民教冤獄解》闡釋基督教理，撰《東西哲衡》評論東西方的學說思想，更以《天演論書後》反對進化論，李春生不僅創業成功，自學成就也不同凡響。受到西方文化的感染，一八九六年，李春生率先剪辮斷髮，讓子弟赴日本求學，首開台民留學日本的風氣，並與黃玉階在一九○○年，組織「台北天然足會」，反對縛小腳的傳統陋習。

從一介貧民到富甲台灣，李春生善於掌握機運，因而開創出自己的天地，成為台灣近代產業的先驅。

1994.9.26.《自由時報》副刊

狂飆的年代

【參考書目】

1. 李明輝《李春生的思想與時代》，台北：正中，1995.4.。

2. 台灣總督府（鷹取田一郎執筆）《台灣列紳傳》，台北：台灣日日新報社，1916.4.。

3. 張良澤編《台灣人物表錄》（《王詩琅全集》，卷八，台灣人物下卷），高雄：德馨室出版社，1979.10.。

4. 郭肖舟〈哲人李春生翁〉，《台北文物》，卷2期3。

林熊徵

台灣惑星——日治下台灣首富

板橋林本源族系的代表人：林熊徵，一八八八年生，一九四八年去世。幼年受書房教育，甲午戰後，內渡廈門，畢業於福州高等師範學校，曾加入同盟會，是清政府郵傳大臣盛宣懷的女婿。

由於林本源家族事業的兩岸投資關係，政商結合的情境也在林熊徵身上顯現，一九〇八年，他任林本源製糖會社副社長，次年，又擔任林本源總事務所總辦，積極參與台灣各項產業投資，活躍於政經兩界。

一九一一年，林熊徵任官辦的《台灣日日新報》監察役。在日本的懷柔政策下，他也曾擔任大稻埕區長、台北廳參事、台北州協議會議員，一九二二年，林熊徵被授予紳章，次年，被指派為總督府評議會議員，穩固了林本源家族在經濟發展上的政治奧援。

二〇年代的社會運動，也波及林熊徵的事業發展，一九二四年，在日方的示意下，他與辜顯榮等紳商合組「公益會」，任副會長，反

林熊徵
（圖片來源：《台灣人士鑑》）

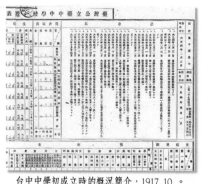

台中中學初成立時的概況簡介，1917. 10.。
（林柏維提供）

對由文化協會主導的議會設置運動。這一年，他主持的林本源製糖會社引發了蔗農爭議，農民運動因之勃發，導致會社被合併的命運。

林熊徵致力實業，不僅守成更且創業，參與投資各項產業，卓然有成，成為台灣第一大富豪。一九一三年，任中日銀行董事，一九一六年起，林熊徵擔任多項職務，計有新高銀行監事、九州製糖董事、保路內歐護膜會社監事、台陽炭礦董事、台灣紡織董事、華南銀行總理、台灣製鹽董事、台灣煉瓦董事、台灣建物董事、南洋倉儲董事、大永興業及日本拓殖的社長等；並於一九二九年，任中國漢冶萍鐵路公司董事。

林熊徵雄厚的財力及良好的政商關係，在日治時期，與辜顯榮被並稱為「台灣的二大惑星」，然而致富之外，他也和林獻堂等人捐資創辦台中中學（今台中一中），並提供獎學金，濟助窮困學生赴日留學，吳三連就是數百位受惠者之一。

做為林本源家族的台柱，林熊徵

具有濃烈的商人色彩，之所以與政治連結，不如說是政治將之納編，這也反映出傳統大家族商政勢力並聯發光的現實效應，跨越清國、日本、國府三個時代，林熊徵在時空環境皆已轉換下，維繫板橋林家的家業於不墜，卻也不凡。

1994.2.22.《自由時報》副刊

林熊徵（林柏維提供）

【參考書目】

1. 黃富三、陳俐甫《近現代台灣口述歷史》，台北：林本源基金會，1991.7.。

2. 吳守璞〈林本源家小史〉，《台灣風物》，卷2期3，1952.5.。

3. 司馬嘯青《台灣五大家族》，台北：自立，1987.8.。

辜顯榮

從此無恨亦無憂──日本統治下台灣第一人

日本國會貴族院第一位台灣籍議員：辜顯榮，彰化鹿港人，一八六六年生，一九三七年，病逝東京。是台灣五大家族：鹿港辜家的開創者，也是日治時期最顯赫的人物。

辜顯榮出生次年，喪父，及長，受進士黃玉書啟蒙，修習漢學，一八八六年起，開始經商，往來於海峽兩岸。一八九五年，台灣割讓，台灣民主國無力扭轉時局，動亂四起，台北仕紳李春生等合議，擬請日軍入城以安輯亂象，委由辜顯榮出使洽談，此一契機和辜氏的膽識，獲得民政局長水野遵的賞識，年底，至東京領受勳章，開啟了辜顯榮的黃金歲月。

一八九六年，辜顯榮買下英源茶行，更名為大和行，經營製鹽及樟腦的販售，並被任命為保良局長，良好的政商關係，使他取得經濟上的經營權，事業蒸蒸日上，然而，一八九八年，卻因替某退職官抱不平而坐獄兩個月，是年，奠立台灣殖民經濟體制的後藤新平到任，採行專賣制度，辜顯榮的才幹，得到後藤「萬

辜顯榮
（圖片來源：《評論台灣之官民》）

1914年，私立台中中學創校代表辜顯榮、林烈堂「委屈」地將校產捐給總督，公立台中中學校（今台中一中）始奉准成立；此幀是1919年以前的照片。（楊永智提供）

苦千辛為師友，從此無恨亦無憂」的賞識，先後取得鹽、鴉片、煙草、糖的專賣權，財力厚增。

一八九八年，辜顯榮被選為台北保甲局總局長、全台官鹽販賣組合長，一九〇一年，獨資墾拓彰化縣西南部的「荒地」，並且開發鹿港、新竹鹽田，進而設置五家改良糖節，為了經營蔗糖業，辜顯榮在一九一〇年，修建北斗、二林間的輕便鐵道；一九一九年，舖設員林到溪湖及鹿港到二林的輕便鐵道，並創立大和製糖株式會社。次年，辜顯榮改組大和行為會社，一九二二年，創立大豐拓殖株式會社，從事土地開發。不斷累積的資本，使辜家的事業日漸擴大，終成五大族系之一。

一九〇四年，日俄戰爭，辜顯榮奉命參與台灣海域的偵防工作，再建功勳，更加穩固了他在政治上的威望，一九二一年，他被任命為總督府評議會員，一九三四年，被選為貴族院議員。

一九一三年，辜顯榮捐資參與台中

中學的創設，一九二〇年，他襄助《台灣青年》的創刊，這兩者孕育出了二〇年代台灣的社會運動，然而，一九二三年，他奉命組公益會以與文化協會抗衡，卻也因而備受攻訐。

從布衣商賈到全台紳商首席，辜顯榮自斷裂的歷史夾縫中脫穎而出，以他的膽識和才略經營出他的天地。在台灣隸屬日本領土的既成事實下，以春秋罪前賢，則辜顯榮未能投入社會運動是最大的遺憾吧！

1994.3.8.《自由時報》副刊

1895年，日軍集結在台北城門外，準備進城。（圖片來源：《台灣史料集成》）

辜顯榮
（圖片來源：《台灣人士鑑》）

【參考書目】

1.《辜顯榮翁傳》，台北：台灣日日新報社，1939.6.。

2. 林進發《台灣官紳年鑑》，台北：民眾公論社，1932.8.。

3. 興南新聞社編《台灣人士鑑》，同社刊行，1943.3.。

陳中和

富甲南台灣──糖業鉅子

日治時期，與辜顯榮南北相輝映的豪門巨賈：陳中和，高雄市苓雅人，一八五三年生，一九三〇年去世，是台灣五大家族之一：高雄陳家的開基祖。

陳中和，幼年入私塾讀書，十六歲時，進糖商陳福謙經營的順和行，學做生意，常往來於日本，因而熟悉日語，一八八七年，他自行創業，開設和興行，仍從事糖、米的轉口銷售，以他靈活的經營手法，打出自己的一片江山，成為台南、高雄間的富商。

一八九五年台灣割讓，近衛師團第二團從枋寮登陸，進逼鳳山，陳中和被任命為嚮導，幫辦兵站事務，供給糧餉，有功於台灣的平定，總督府乃於一八九七年，任命他為苓雅寮等十一保的聯合保甲局長，並授予勳章，因緣際會，得到當局特許的許多利權。

一九〇〇年，台灣製糖會社成立，陳中和是唯一的台籍董事。次年，主持南部鹽務總管，負責南台灣的食鹽專賣事務，獲利甚豐，

陳中和
（圖片來源：《評論台灣之官民》）

日本治台初期，深入鄉間的軍隊。
（詹耀慶提供）

於是大力投資高雄、屏東沿海的製鹽事業，進而於一九一〇年，成立烏樹林製鹽株式會社。為了便於鹽、糖的產銷，陳中和自力舖設路竹與永安、岡山與燕巢、岡山與赤崁間的輕便鐵道。

一九〇三年，陳中和創辦南興公司，經營新式碾米工場，籌設新興製糖會社。次年，日俄戰爭爆發，奉命與辜顯榮參與台灣海域的偵防，然而這一戰爭卻影響到砂糖市場的價格暴跌，使新興製糖陷入瓦解的困境，至一九一九年，始解除危機。陳中和乃調整經營方向至土地投資，在一九二三年，改組南興公司為陳中和物產株式會社，在大寮鳳山一帶即擁有八百甲以上的土地。

受到文化協會啟蒙農民的影響，一九二五年，鳳山農民組合繼二林蔗農組合之後成立，農民運動勃興，陳中和的新興製糖遂繼林本源製糖之後，成為農運抗爭的對象，使得會社收回被佃耕土地的計劃，被迫放棄。

一九二〇年，高雄州新設，陳中和被任命為州協議會員，一九二七年，長

子陳啟貞承父蔭，被任命為總督府評議員。陳中和商而優則仕，與辜顯榮的名揚北台，頗多雷同，在日治時期，辜陳兩家南北輝映，無人出其右。

　　在歷史轉換的斷層中，陳中和以商人的眼光投資於政治，遂能在既有的事業基礎上更上層樓，政商互為奧援，立高雄陳家之威勢於不墜，展拓雄厚的政經實力，獨霸南台。

1994.3.14.《自由時報》副刊

【參考書目】

　　1. 台灣總督府（鷹取田一郎執筆）《台灣列紳傳》，頁306-307，台北：台灣日日新報社，1916.4.。

　　2.《台灣省通志稿》〔卷七人物志〕，頁101。

　　3. 宮崎健三《陳中和翁傳》，1931.8.。

　　4. 林進發《台灣官紳年鑑》，台北：民眾公論社，1932.8.。

顏雲年

台灣的金霸炭王──礦業鉅子

開創台陽礦業王國、在日治時期擁有「金霸炭王」稱號的顏雲年，一八七五年，生於台北縣瑞芳，一九二三年，病逝。是台灣五大家族之一：基隆顏家的掌門人。

顏雲年，幼年時，從叔父顏正春習讀漢學，曾受業於名貢生周蘊玉，有志於科舉功名。日本領台後，他以筆代舌，為顏正春涉嫌武力抗日辯誣，因而任職瑞芳守備隊通譯、警察署巡查補，循此機緣，得以熟習日語，結識日本資產家，兼差經營瑞芳地區的礦材、勞力代辦。

一九〇〇年，顏雲年籌資五百日圓，向藤田傳三郎取得基隆河流域的採擴權，設金裕豐號、金盈豐號以經營大、小粗坑一帶的金礦開採，規模日大，遂於一九〇三年，合併兩號為金裕利號，增設金興利號，次年，他與蘇源泉合設雲泉商會，辦理礦山勞務。

一九一二年，顏雲年投資成立基隆輕鐵株式會社，修建基隆、侯硐間的輕便鐵

顏雲年
（圖片來源：《評論台灣之官民》）

道，一九一七年，又設海山輕鐵株式會社，修築三峽至鶯歌間的鐵路，提高了煤礦的開採量，也促進了地方的繁榮。一九一四年，顏雲年接手藤田無力經營的採金事業，嶄露了他的經營手腕及致富之道，一九一八年，他再以三十萬日圓，頂下藤田所有的瑞芳礦區與設備，並與之合資成立台北炭礦株式會社，次年得到三井財閥資助成立基隆炭礦株式會社，購併木村礦業株式會社，資本額達一千萬日圓。一九二〇年，他結合林

日治時期的金瓜石金礦選廠（今銅品加工廠）。（王思淵提供）

熊徵等人，增資台北炭礦，並將雲泉商
會系統納入，改組成立台陽礦業株式會
社。

台陽礦業與基隆炭礦兩社的煤產
量居全台產量的三分之二，顏雲年掌握
了台灣的「黑金」與黃金的生產，成為
日治時期台灣五大富豪之一。一九二二
年，他與許梓桑組成基隆商工信用組
合，任理事長，跨足金融事業，雄圖大
展之際，卻於次年，因傷寒而死，其弟
顏國年，承而續之。

日治時期的金瓜石（從公路望向瓜山國校）。（王
思淵提供）

顏雲年雖是倚附日系資本家而崛
起，卻是日治時期創業成功的典範，因
而被當局授以紳章，任命為總督府評議
委員。

從通譯到富甲一方的豪門貴族，顏
雲年善於掌握時機，在異族統治下異軍
突起，開創了他的天地，成為台灣產業
界的巨擘。他的眼光、他的膽識、他的
經營策略、他的處事手腕，奠下了他事
業的宏基。

1994.3.1.《自由時報》副刊

狂飆的年代

【參考書目】

1. 友胄會《顏雲年翁小傳》，1924.。

2. 台灣新民報社編《台灣人士鑑》，同社刊行，1937.9.。

林柏壽

野鶴閒雲一巨商——板橋林家的台柱

台灣在日治時期首屈一指的大豪族，毫無疑義的是林本源家族，在一九〇〇年左右，擁有五千三百甲土地，居次的霧峰林家則擁有一千五百甲土地，因襲於傳統，板橋林本源家族的事業投資重心也偏向於土地、不動產、信託業，以柏記產業為首的松記建業、大永興業、維記興業等會社皆是如此，而居此樞紐的人，正是創辦台灣電視公司的林柏壽。

林柏壽，字季函，一八九六年，生於廈門鼓浪嶼，台北板橋人，人稱四爺，妻陳瓊枝，為廣東巡按使陳望曾的女兒。一九二四年，林柏壽進英國倫敦大學政經學院，一九二六年，留學法國巴黎法文學院，一九八六年，病逝香港。

林柏壽的父親林維源，在劉銘傳時代曾任幫辦撫墾大臣及鐵路協辦大臣，台灣民主國成立時，被公推為議長，辭不就任，渡海廈門避難，此後往來於兩岸。林柏壽在這動盪的時局中成長，負笈日本學經濟，到中國讀漢學，留

學英國專攻經濟，到法國讀法律，環遊歐美後回台，從學歷上來看，在早期的知識階層中，林柏壽不僅是菁英，他通達中、英、日、法、台五種語言，更屬異數。

一九一八年，林柏壽返鄉承繼管理名下產業，兼任林本源製糖會社監察役，三年後，創辦柏記產業株式會社，從事土地房屋買賣的仲介，及造林、穀類買賣，與他的姪子林熊徵，同為板橋林家的台柱，不同的是，林熊徵涉足官場，林柏壽則全然無意於仕途，悉心於事業經營和投資，他是大成火災海上保險、台灣商工銀行、《興南新聞》（即《台灣新民報》）、常盤住宅等會社的董事，也是大同米穀的總經理及林本源興殖會社的董事長。

由於日本帝國資本的介入台灣，及事業體在華南、南洋受到排日風潮的影響，林本源族系的經濟狀態在日治末期已呈現下沈的現象。林柏壽徘徊兩岸，避居上海、香港，終戰後，仍是半年返台一次。

林柏壽
（圖片來源：《台灣人士鑑》）

　　一九五三年，耕者有其田在台灣施行，林柏壽釋出名下土地，換取台灣水泥的股票，成為大股東，次年，台泥、工礦、農林、台紙開放民營，林柏壽出任台泥董事長，轉虧為盈，林柏壽始常居台灣，並成為台灣實業界的龍頭，投資事業有：中華開發信託、國賓飯店、啟業化工、第一商銀、上海商銀、台灣玻璃、中國國際商銀、中華開發等公司。

1957 年，張群（前）為特使，林柏壽（2 排左 1）為團員，搭機赴日。（圖片來源：《傳記文學》）

　　一九六一年，台灣省政府籌設電視台，林柏壽應周至柔主席的請託，出任董事長，邀集民股，經營日善，擺脫日本資本的控制。俞鴻鈞組閣時，有意請他出任政務委員，無意官宦生涯的林柏壽說：「做了官，一切行動，都會惹人注意，我想出入的交際場所也受約束了。」

　　林柏壽熱心社會公益，經常捐獻巨款，他雅好文物，在陽明山築「蘭千山館」存藏古物，樂為閒雲野鶴。

1994.9.19.《自由時報》副刊

狂飆的年代

【參考書目】

1. 吳守璞〈林本源家小史〉，《台灣風物》，卷2期3，1952.5.。

2.〈林柏壽先生追悼專號〉，《台灣風物》，卷 36 期 2，1986.3.。

3. 台灣新民報社編《台灣人士鑑》，同社刊行，1937.9.。

4. 黃富三、陳俐甫《近現代台灣口述歷史》，台北：林本源基金會，1991.7.。

金融實業鉅子陳逢源（號南都），一八九三年，生於台南市，一九八二年，去世。幼年受書房教育，九歲，入台南第一公學校，年十五，入總督府國語學校國語部，受三卷俊夫薰陶，立下經濟金融的深厚才學。十九歲，畢業，進三井洋行台南出張所，有感於日台差等待遇，於一九二〇年辭職，任台灣勸業信託株式會社董事，並遊歷日本、中國。

一九二一年，台灣議會設置請願運動開始，陳逢源即投入政治社會運動，參與文化協會的啟蒙活動，從事草根式的講演，宣揚民主、自由思潮，常於《台灣民報》發表關於經濟問題的文論，對日本的殖民經濟統制之缺失每多批判。歷任文化協會理事、台灣民報記者、台灣民眾黨經濟委員會主席、地方自治聯盟評議員、台灣議會期成同盟理事等。一九二三年，治警事件發生，被捕入獄四個月，為詩慨嘆「五旬過眠原非易，一獄成名太簡單」。

陳逢源
（圖片來源：《台灣人士鑑》）

一九二六年，陳逢源以一篇《中國改造論》的感想文，引發與許乃昌對改造台灣問題的筆戰，激起社會運動者對實際路線的論爭，隱然是次年文化協會分裂的前兆。

一九二七年，林獻堂、陳炘成立台灣人的唯一金融機構：大東信託株式會社，陳逢源以經濟、實務長才，於一九二九年，任信託課長。一九三二

1924. 10. 18.，議會期成同盟會違反治安警察法事件於十五日二審，廿九日公判：蔣渭水（3排左1）、蔡培火（右上）四個月，林幼春（左上）、蔡惠如、林呈祿、陳逢源（2排左起3. 4. 8）、石煥長三個月。此照係審判期間合影，2排左起：2葉榮鐘、5蔡式穀、6韓石泉、10林篤勳；3排左起：4王敏川、5鄭松筠、6蔡年亨；坐者右2應是葉清耀律師，餘為日籍辯護律師。（林柏維提供）

年，《台灣民報》發行日刊，他擔任
經濟部長，主筆經濟評論，全心關注
於財經問題，為民喉舌，喋舌不休。
一九四四年，《興南新聞》（即《台灣
民報》）被迫併入《台灣新報》，遂請
辭轉任台灣信託公司（大東信託已被併
入）經理。

終戰後，陳逢源致力於金融及工商
實業，發揮財經專長，促成華南銀行、
台北區合會、台灣煉鐵、新台灣機械
等公司的成立，尤以台北區合會（今台
北企銀）為重心；兩任省議員，政商兩
界，卓然有成。

陳逢源自幼即酷愛舊詩，二十一
歲，入「南社」（台灣三大詩社之一），
與舊詩人時相唱酬，卻於一九三二年，
在《南音》雜誌發表〈對於台灣舊詩壇
投下一巨大的炸彈〉，主張新時代的詩
須是平民的、社會的、鼓舞民氣的。晚
年，以「歷經世變，目擊時艱」沈湎詩
情，與于右任等朝夕吟詠。

陳逢源穩健務實，卻富有浪漫情
懷。一生因時空變遷而角色前後迥異，

陳逢源
（圖片來源：《陳逢源紀念集》）

陳逢源
（圖片來源：《台灣省地方自治誌要》）

先是社會運動家，後是金融鉅子，卻也一脈相牽，皆以經濟見長；少時詩情洋溢，老來詩心不減。社會運動時期的主張，言猶在耳：抨擊傳統詩人，最後，陳逢源還是回到賦頌風雅之路。

1993.9.14.《自由時報》副刊

1944年，台灣總督府強令大東信託、台灣興業信託、屏東信託合併為台灣信託株式會社，此為開業合照，前排右起4.6.為陳炘、陳逢源，1944.8.8.。（圖片來源：《陳逢源紀念集》）

【參考書目】

1. 王大佑〈前輩的身影──兼悼陳逢源先生〉,《八十年代》,卷5期5,
   1982.10.。

2.《陳逢源先生紀念集》,無記出版者,1983。

3. 陳憶華〈陳逢源小傳〉,《傳記文學》,卷52期2,頁151-152。

4. 黃富三、陳俐甫《近現代台灣口述歷史》,台北:林本源基金會,1991.7.。

5. 謝國興《亦儒亦商亦風流》,台北:允晨,2002.6.。

《狂飆的年代》參考書目

1. 台灣總督府（鷹取田一郎執筆）《台灣列紳傳》，台北：台灣日日新報社，1916.4.

2. 橋本白水《評論台灣之官民》，台北：台灣案內社，1919.9.

3. 林進發《台灣官紳年鑑》，台北：民眾公論社，1932.8.。

4. 林進發《台灣人物評》，台北：赤陽社，1929.8.。

5. 大園市藏《時勢と人物》，東京：日本殖民地批判社，1930.5.。

6. 台灣新民報社調查部編《台灣人士鑑》，台北：台灣新民報社，1934.3.。

7. 台灣新民報社編《台灣人士鑑》，同社刊行，1937.9.。

8. 興南新聞社編《台灣人士鑑》，同社刊行，1943.3.。

9. 台灣總督府警務局編《台灣總督府警察沿革誌，第二編領台以後の安狀況（中卷）（村上克夫、小松三郎輯錄）》，台北：台灣總督府警務局，1939.7.。

10. 章子惠《台灣時人誌》，台北：1947.3.

11. 「民國人物小傳」，《傳記文學》，台北。

12. 張良澤編《台灣人物表錄》（《王詩琅全集》，卷八，台灣人物下卷），高雄：德馨室出版社，1979.10.

13. 李南衡編《日據下台灣新文學》，台北：明潭出版社，1979.3.

14. 黃武忠《日據時代台灣新文學作家小傳》，台北：時報文化，1980.8.

15. 陳永興、李筱峰編《台灣近代人物集（一）》，台北：李筱峰，1983.8.

16. 張炎憲、李筱峰、莊永明編《台灣近代名人誌》，台北：自立，1987.1.

17. 林柏維《台灣文化協會滄桑》，台北：台原，1993.6.

18. 林柏維《文化協會的年代》，台中：台中市立文化中心，1996.3.

19. 謝里法《台灣美術運動史》，台北：藝術家，1992.5.

20. 連橫《台灣通史》，台北：幼獅，1977.

21. 葉榮鐘《台灣民族運動史》，台北：自立，1982

22. 宮川次郎《台灣の社會運動》，台北：台灣實業界社營業所，1929.10.。

23. 宮川次郎《台灣の農民運動》，台北：拓殖通信社支社，1927.12.。

24. 謝春木（南光）《台灣人の要求》，台北：台灣新民報社，1931.1.。

25. 謝春木《台灣人八斯＜觀》，台北：台灣民報社，1930.1.。

26. 李筱峰《台灣戰後初期的民意代表》，台北：自立，1986。

世紀映像叢書

國家圖書館出版品預行編目

狂飆的年代：近代臺灣社會菁英群像 / 林柏維著.
　-- 一版. -- 臺北市 ： 秀威資訊科技, 2007.09
　　面 ； 公分. --（世紀映像 ； 21史地傳記 ； PC0030）
參考書目：面
ISBN 978-986-6732-11-9（平裝）

1. 臺灣傳記

783.31　　　　　　　　　　　　　　　96017577

 史地傳記　PC0030

狂飆的年代─近代台灣社會菁英群像

作　　者 / 林柏維
主　　編 / 蔡登山
發 行 人 / 宋政坤
執行編輯 / 賴敬暉
圖文排版 / 莊芯媚
封面設計 / 莊芯媚
數位轉譯 / 徐真玉、沈裕閔
圖書銷售 / 林怡君
法律顧問 / 毛國樑　律師
出版印製 / 秀威資訊科技股份有限公司
　　　　　台北市內湖區瑞光路583巷25號1樓
　　　　　電話：02-2657-9211　傳真：02-2657-9106
　　　　　E-mail：service@showwe.com.tw
經 銷 商 / 紅螞蟻圖書有限公司
　　　　　台北市內湖區舊宗路二段121巷28、32號4樓
　　　　　電話：02-2795-3656　傳真：02-2795-4100
　　　　　http://www.e-redant.com

2007 年 9 月　BOD 一版
定價：400元

讀　者　回　函　卡

感謝您購買本書，為提升服務品質，煩請填寫以下問卷，收到您的寶貴意見後，我們會仔細收藏記錄並回贈紀念品，謝謝！

1. 您購買的書名：_____

2. 您從何得知本書的消息？

　□網路書店　□部落格　□資料庫搜尋　□書訊　□電子報　□書店

　□平面媒體　□ 朋友推薦　□網站推薦 □其他_____

3. 您對本書的評價：(請填代號　1.非常滿意 2.滿意 3.尚可 4.再改進)

　封面設計____　版面編排____　內容____　文/譯筆____　價格____

4. 讀完書後您覺得：

　□很有收獲　□有收獲　□收獲不多　□沒收獲

5. 您會推薦本書給朋友嗎？

　□會　□不會，為什麼？_____

6. 其他寶貴的意見：_____

_____

_____

_____

讀者基本資料

姓名：_____　年齡：_____　性別：□女 □男

聯絡電話：_____　E-mail：_____

地址：_____

學歷：□高中(含)以下　　□高中　　□專科學校　　□大學

　　　□研究所(含)以上 □其他_____

職業：□製造業 □金融業 □資訊業 □軍警 □傳播業 □自由業

　　　□服務業 □公務員 □教職　□學生 □其他_____

To：114

台北市內湖區瑞光路 583 巷 25 號 1 樓

秀威資訊科技股份有限公司　　　收

寄件人姓名：

寄件人地址：□□□

(請沿線對摺寄回,謝謝!)

秀威與 BOD

BOD（Books On Demand）是數位出版的大趨勢，秀威資訊率先運用 POD 數位印刷設備來生產書籍，並提供作者全程數位出版服務，致使書籍產銷零庫存，知識傳承不絕版，目前已開闢以下書系：

一、BOD 學術著作—專業論述的閱讀延伸
二、BOD 個人著作—分享生命的心路歷程
三、BOD 旅遊著作—個人深度旅遊文學創作
四、BOD 大陸學者—大陸專業學者學術出版
五、POD 獨家經銷—數位產製的代發行書籍

BOD 秀威網路書店：www.showwe.com.tw
政府出版品網路書店：www.govbooks.com.tw

永不絕版的故事・自己寫・永不休止的音符・自己唱